今週末お休み
いただきます！

絶景と美味と
パワースポット

2日間であなたの人生を変える旅！

Grunt Style

目　次

- 4　はじめに

北海道
- 6　絶景　雲海テラス
- 8　PS　北海道神宮
- 10　美味　函館うに むらかみ
- 10　美味　だるま
- 11　美味　Red Chili インドカリー
- 11　美味　えびそば一幻 総本店

山形県／宮城県
- 12　絶景　蔵王の樹氷　山形県
- 14　PS　竹駒神社　宮城県
- 16　美味　たんとろ　宮城県
- 16　美味　音茶屋　山形県
- 17　美味　萬乃助　宮城県
- 17　美味　山口餅屋　山形県
- 18　北海道・宮城県／山形県　行き方

千葉県／茨城県
- 20　絶景　鋸山　千葉県
- 22　PS　香取・鹿島神宮　千葉県・茨城県
- 26　美味　竹やぶ　茨城県
- 26　美味　見波亭　千葉県
- 27　美味　和茶房うの　千葉県
- 27　美味　Pizza Gonzo　千葉県

埼玉県
- 28　絶景　三十槌の氷柱
- 30　PS　三峯神社
- 32　美味　野さか
- 32　美味　天然氷蔵元 阿左美冷蔵　寶登山道店
- 33　美味　ジュリンズ ジオ
- 33　美味　わへいそば
- 34　千葉県／茨城県・埼玉県　行き方
- 36　コラム　神社参拝のルール

群馬県
- 38　絶景　白根山湯釜
- 40　PS　榛名神社
- 42　美味　どんぐり
- 42　美味　シュクル キッチン
- 43　美味　ティールーム ゆきうさぎ
- 43　美味　かやぶきの郷薬師温泉旅籠

新潟県
- 44　絶景　棚田（新潟県十日町）
- 46　PS　弥彦神社
- 48　美味　峠の茶屋 蔵
- 48　美味　由屋
- 49　美味　柚子の花
- 49　美味　分水堂菓子舗
- 50　群馬県・新潟県　行き方

石川県
- 52　絶景　珠洲岬
- 54　PS　白山比咩神社
- 56　美味　ランプの宿
- 56　美味　犀与亭
- 57　美味　和田屋

長野県
- 58　絶景　高ボッチ高原
- 60　PS　戸隠神社
- 62　美味　うずら家
- 62　美味　カフェ深山
- 63　美味　松屋茶房
- 63　美味　藤田九衛門商店
- 64　石川県・長野県　行き方
- 66　コラム　神社と寺の違い

愛知県
- 68　絶景　日出の石門
- 70　PS　竹島・八百富神社
- 72　美味　茶苑
- 72　美味　Rustic house
- 73　美味　灯台茶屋
- 73　美味　アゼリア

京都府

74	絶景	清水寺の雪景色
76	PS	鞍馬山・鞍馬寺
78	美味	串たなか
78	美味	宮武
79	美味	うめぞの カフェアンドギャラリー
79	美味	SONGBIRD DESIGN STORE.

80　愛知県・京都府　行き方

兵庫県

82	絶景	鳴門の渦潮
84	PS	沼島
86	美味	絶景レストラン うずの丘
87	美味	石窯ピザ丸
87	美味	あわじ島バーガー 淡路島オニオンキッチン

滋賀県

88	絶景	彦根城の桜
90	PS	竹生島神社
92	美味	翼果楼
92	美味	51CAFE
93	美味	鳥喜多
93	美味	Cafe Gold Coast

94　兵庫県・滋賀県　行き方

96　コラム　一宮〜その国で最も格式の高い神社

和歌山県

98	絶景	那智の滝
100	PS	熊野本宮大社
102	美味	カフェ・ボヌール
102	美味	茶房珍重庵 本宮店
103	美味	健康バイキング和わ
103	美味	よし平 いなり店

奈良県

104	絶景	吉野山の桜
106	PS	石上神宮
108	美味	奈良町豆腐庵こんどう
108	美味	萬御菓子誂処 樫舎
109	美味	メリッサ
109	美味	麺屋 一徳

110　和歌山県・奈良県　行き方

広島県

112	絶景	宮島水中花火
114	PS	厳島神社
116	美味	牡蠣屋
116	美味	ふじたや
117	美味	バンビーノ
117	美味	紅葉堂弐番屋

高知県

118	絶景	瓶ヶ森林道
120	PS	桂浜
122	美味	どんこ
123	美味	とさいぬパーク 直営売店
123	美味	立石重馬蒲鉾

124　広島県・高知県　行き方

126　コラム　秋義神社

福岡県

128	絶景	河内藤園
130	PS	宮地嶽神社
132	美味	海の彩
132	美味	ガネーシャ
133	美味	無法松
133	美味	サンドイッチファクトリー・オー・シー・エム

宮崎県

134	絶景	高千穂峡
136	PS	高千穂神社
138	美味	千穂の家
138	美味	天庵
139	美味	おぐら 大瀬店
139	美味	高千穂焼五峰窯 あまてらすの隠れCafe

140　福岡県・宮崎県　行き方

142　さくいん

はじめに

少ない時間と
少ないお金で
大きな感動を味わおう

日本の絶景とパワースポットを同時に巡りたい。そしてその地域にある美味しいものを食べたい、という純粋な想いからこの本はできました。色々調べる中で日本にはとても素晴らしい場所があるものだと多く気づかされました。仕事で疲れ、同じローテーションで進む毎日に疲弊している方々は多いのではないでしょうか。しかし、時間やお金がないと言いわけしていてもなにも始まりません。全てはその思い立ったときの一歩です。宿題と同じで今度時間のある時にやるというのでは、ただ日が経つだけでやることはないでしょう。来週末に今までの人生観を変えてくれるような感動を味わえる絶景とパワースポットを巡りにその第一歩を踏み出しませんか？ 今回は1泊2日で行ける絶景とパワースポットを紹介しています。ゆっくりと過ごしたい方は2泊3日あれば十分廻れます。そしてその地域で人気のある美食店舗を紹介しています。飲食店は¥10,000以上お金を出せば美味しいものは当たり前のように食べられます。しかし、ここでは数千円、はたまた数百円の美味しいご当地美味を紹介しています。本当に美味しいと感じるのは値段ではありません。また、絶景を見るのには入場料はかかりません（一部施設のみ入場料あり）。パワースポットは神社ばかりなので、もちろん入場料はありません。お賽銭以外にお守りや御朱印などの費用でしょうか。この本のテーマとして、少ない時間と少ないお金で、大きな喜びや感動を体感して欲しいと願い編集しました。あなたは来週末の予定はありますか？この本を読み、小さなバッグで是非、絶景と美味とパワースポットの旅に出かけて下さい。

絶景と美味とパワースポット 編集部

絶景

雲海テラス
Unkai Terrace

［北海道］天国に一番近いカフェ

天空に来たような素晴らしい絶景が味わえる!
奇跡の立地条件で雲海を見下ろせる天空カフェ

北海道トマムの大いなる自然が生み出す幻想的な世界"雲海"を肌で感じることができるカフェ。雲海は地形条件と、ある気象条件が重なったときにしか見られない壮大な大自然絵巻。毎日出現しない雲海は、6月から9月の時期で30%から40%の確率で出現し、運が良ければ素晴らしい絶景を見ることができる。自然現象なので必ず見られるものではないというのも、逆に魅力なスポットとなっている。雲海発生の高確率は、日の出近くの早朝が狙い目。

ゴンドラで雲海まで

前日は雲海テラスを運営している星野リゾート・トマムに宿泊しよう。リーズナブルなザ・タワーと呼ばれるホテルと、グレードが高いリゾナーレ・トマムがある。早朝にシャトルバスでゴンドラまで送迎(敷地内数分)あり。日の出前の午前5時前にゴンドラで山頂へ。

山頂までは黄色のゴンドラで。往復 大人:¥1,800 小学生:¥1,200

雲海カフェにあるポストはなんと青色。カフェに入ったらすぐ目の前にあるのでチェック

カフェでの過ごし方

カフェには雲海コーヒー、雲海紅茶の他にタルトやケーキ、パン付きの特製スープもある。また、ゴンドラの乗車券は雲海思い出ハガキとなっており、旅の思い出として雲海ポストに投函すると世界中どこでも送料無料で送ってくれるので、是非大切な人へメッセージを送ろう。

ポストの近くには雲みくじ(¥100)なるものも。山頂であなたの運勢も調べてみよう

ゴンドラ乗車券は思い出ハガキとなっているのでメッセージを記入しポストに投函しよう

ワンポイントアドバイス

標高1,100mに位置するので、真夏以外は思っている以上に寒い。山頂ではジャケットの貸し出しもしているが、厚手のジャケットを必ず用意しよう。また、営業時間は早朝だが、人気箇所のため、ゴンドラも並ぶ可能性があるので30分前など早めに出発しよう。

Refresh!

雲海サイダーや雲海ハイボールなるドリンクもお土産であり

Hot & Tasty

山頂で味わう北海道産かぼちゃのスープ、オマール海老のビスクスープは絶品

雲海テラス	ベストシーズン
	5月下旬〜10月中旬

▶雲海ダイヤル
☎ 0167-58-1205
翌日の雲海の状況、発生確率をアナウンス中!

お問い合わせ 星野リゾート トマム
北海道勇払郡占冠村字中トマム
Tel:0167-58-1111

アクセス [車] 道東自動車道、札幌南IC〜トマムIC下車後、約5分 星野リゾート トマム内到着(札幌から約105分) [電車] 札幌駅から特急利用、最短で82分、トマム駅下車 星野リゾート トマム内到着(札幌方面より釧路/帯広方面 1日12往復運行)

北海道神宮
Hokkaido Jingu

[北海道] 開花せよ、あなたの可能性

パワースポット

器の大きい男性神らしい、さわやかな優しさと力強さ
新たな展開を求めるヒトにもおすすめ！

北海道開拓の守護神である開拓三神と明治天皇を祭る北海道神宮は、明治の「文明開化」を象徴するような明るく開放的な神社。緑深く広々とした参道は、明治神宮や熱田神宮が好きな人ならば、きっと気に入る気持ちよさ。パワースポットには人々を寄せ付けない厳しい雰囲気の場所もあるが、ここは明治神宮と同じく「誰でも歓迎」の大らかなエネルギーを放っている。パワースポット初心者からコアなパワースポット好きまで、誰でも満足する場所。四つ入り口となる鳥居があり、どこから入るかで色々な噂があるが、本神社のパワーを最も多く受け取るには順番通りに行くことが重要。まず一番大きく立派な第一鳥居をくぐるのだが、ここで注意！ 第一鳥居は境内の地図には載っておらず、北1条宮の沢通りという四車線の道路にまたがって建っており、実はこの通りがかつての表参道なのだ。第一鳥居からは北1条宮の沢通りを西へ5分程歩き、正門の第二鳥居をくぐって表参道を進み、本殿を参拝。さらに開拓神社などを参拝して公園口鳥居から出るこの参拝ルートが、神宮と隣の円山公園が発する雄大なエネルギーを最も沢山味わえるルートとなっている。

お祭りされている神様

- 大国魂神（おおくにたまのかみ）
- 大那牟遅神（おおなむちのかみ）
- 少彦名神（すくなひこなのかみ）
- 明治天皇（めいじてんのう）

大国魂神は北海道の大地を神格化した存在。大那牟遅神は出雲大社の神である大国主命の別名。少彦名神は大国主命と共に日本の国造りを行なった神。明治天皇の勅命で祭られたこれら開拓三神に加え、明治天皇も昭和39年に祭られ、同時に社名が札幌神社から北海道神宮になった。

御利益ポイント

御利益は開拓・発展。人生の新天地を切り開きたい方や、北海道で活動している方はお参りすると良いだろう。第三鳥居から入ると金運が上昇する、第二鳥居から入ると恋愛運が不安定になると噂があるが、特に気にする必要は無し。

このパワースポットのマナー

北海道神宮には、北海道開拓の功労者を祭る開拓神社や、開拓三神のご神体となる神鏡を背負って札幌の地にやってきた島判官の像など、今の北海道を築いた先人達が多く祭られている。そうした功労者達に「お陰さまで」と感謝の気持ちで参拝するのが基本的なマナー。

近くのおすすめスポット

札幌市内にはもうひとつ北海道神宮がある。それが中央区南2条東3丁目にある北海道神宮頓宮。町中のこじんまりした神社で、日々の生活に疲れたときに立ち寄ると、ほっと一息つけるような優しいエネルギーを放っている。

境内の地図には載っていない第一鳥居。かつての表参道の通りにまたがって建つ

北海道神宮の第二鳥居。ここをくぐれば涼しいひんやりとした空気に包まれる

北海道開拓の父、島義勇判官の像。社務所の向かいの神門の手前に鎮座する

神社境内の色々な場所で明治天皇にまつわるお言葉や写真などが見られる

日本国歌の歌詞にも出てくる「さざれ石」。本殿に入る手前右側にある

過去の北海道開拓の功労者がご祭神として祭られている開拓神社

北海道神宮	参拝時間
	約60分

おすすめ参拝順路
① 第一鳥居
② 昭和天皇ご成婚記念植樹
③ 第二鳥居
④ 表参道
⑤ 島判官の像
⑥ さざれ石
⑦ 本殿
⑧ 開拓神社
⑨ 樺太開拓記念碑
⑩ 公園口鳥居
⑪ 円山公園

[アクセス] 北海道札幌市中央区宮ヶ丘474
[車] 道央自動車道「新川IC」から宮の森方面へ
[電車] JR札幌駅から地下鉄 南北線 大通駅乗り換え東西線 円山公園駅下車、徒歩15分

北海道は美味の宝庫！

うに加工会社直営店！

◆◆
函館うに むらかみ
日本生命札幌ビル店

[札幌市] さっぽろ駅から徒歩5分

ミョウバンを一切使わない、無添加の北海道産生うにが目玉。「他ではもう食べられない」と多数の客に言わしめるほど。また、大変珍しい無添加生うにの通年提供を可能にしているのは、昭和三十年創業、独自の加工技術を誇るうにの加工会社の直営店だからこその魅力だ。地元の人にはうにの他、定食やその他一品料理、宴会などでも利用されている。時間帯によっては予約も可能だが、来店の際は余裕を持って訪れたい。

DATA Tel：011-290-1000　北海道札幌市中央区北3条西4-1-1 日本生命札幌ビル B1　【営業時間】月〜金 11:30〜14:30（L.O.13:45）17:30〜22:30（L.O. 21:30）土・日・祝 11:30〜14:30（L.O.13:45）17:30〜21:30（L.O.20:45）【定休日】不定休　アクセス／JR 札幌駅南口、札幌市営地下鉄南北線 さっぽろ駅から徒歩5分

海老や、うに、貝が揃った浜焼きもおススメの一品

ホワイトソースとうにの濃厚さが合う、うにグラタン

落ち着いた雰囲気の3名から6名用の静かの間

◆◆
だるま 本店

[札幌市] すすきの駅より徒歩7分

北海道 No.1 ジンギスカン！

札幌に計4店舗を構え、海外のガイドブックにも掲載されている「だるま」の、原点となる本店。創業60年を越えただるまは、味付けなしの厚切り生マトン肉を炭火焼きでいただくスタイル。鉄板には穴が開いており余計な油は流れ出る。そのため、肉に焼き目が付いて香ばしい。タレは甘味のないあっさり系、薬味には手でつぶした青森産ニンニクが用意され、マトン肉の美味しさを十分に引き立てるよう考えられている。行列は必至、狙い目は開店時間だそう。1人前¥735。

DATA Tel: 011-552-6013　北海道札幌市中央区南五条西4 クリスタルビル1F　【営業時間】17:00〜3:00（L.O. 2:30）【定休日】年末年始（12/31〜1/2）　アクセス／札幌市営地下鉄南北線 すすきの駅、札幌市電 東本願寺前駅、資生館小学校前駅より徒歩5分、札幌市営地下鉄南北線 すすきの駅、中島公園駅より徒歩7分

ママが自宅で仕込みをしている、ママの手作りキムチ

だるまを代表するメニューのひとつ、ピリ辛チャンジャ

赤い看板とだるまのイラストで一際目立つ店舗

雲海テラスと北海道神宮と共に行きたい美味4店舗！

◆◆
スープカリー
Red Chili インドカリー

[札幌市] 西28丁目駅から徒歩3分

札幌と言えばスープカレーという程定番のジャンル。その中でも圧倒的な人気を誇るのがレッドチリ。人気のメニューはチキンスープカレー（¥960）。チキンはタンドリーか煮込みが選べるがおススメはスパイシーなタンドリーチキン。カレーはサラサラとした口当たりながら絶妙に配合されたスパイスがコクと旨味と辛さを感じさせる。スープの辛さを1〜6まで選べるのも嬉しい。チーズナンも定番の一品で、もっちりナンの中にたっぷり入ったトロトロの濃厚チーズは絶品。カレーと相性抜群のドリンクラッシーもおススメ。

DATA Tel：011-299-7500　札幌市中央区北3条西26丁目2-15 第23松井ビル1F【営業時間】ランチ11:30〜15:30（L.O.15:00）ディナー15:30〜23:00（L.O.22:30）【定休日】なし 年末年始のみ休み アクセス／地下鉄東西線西28丁目駅から徒歩3分

ラム肉と鶏のひき肉のラムララカレー、¥1000

チーズナン（¥400）は是非注文して欲しい一品

インドカレー店だけあり、独特の雰囲気がある店内

◆◆
えびそば一幻 総本店

[札幌市] 東本願寺前駅より徒歩3分

独自に開拓したルートより、甘海老の頭の大量仕入れが可能に。それをきっかけにして生まれたのが、こちらのえびそば（¥780）。たっぷりの海老から取ったスープは、香りはもちろん、海老のみそから出た濃厚な旨み、コクを存分に味わうことができる。海老を数時間揚げてできた海老油も使用されており、まさに海老づくしの一杯。えびしお、えびみそ、えびしょうゆの3種類から選べる。麺を味わったあとに、えびおにぎりを投入すれば、おじやもいただける。スムーズに入店するには、土日やランチタイムを除いた時間帯がベター。

DATA Tel:011-513-0098　北海道札幌市中央区南7条西9丁目1024-10　【営業時間】11:00〜3:00（スープ切れ次第終了）【定休日】水曜日　アクセス／札幌市電 東本願寺前駅より徒歩3分

是非食したい人気のえびおにぎりは1個¥160

えびラーメンと一緒にどうぞ。焼きたてギョーザ6個¥370

店内には至るところに芸能人のサインが飾られている

蔵王の樹氷
Zao-no Jyuhyo

[山形県] 幻想的な氷の彫刻

ライトアップされたアイスモンスター「樹氷」
闇の中に色彩豊かな照明で浮き上がる幻想的な空間

一生に一度はこの目で見てみたい樹氷。それもライトアップされたカラフルな樹氷を幻想的でロマンティックに見てみたい。それを実現出来るのが蔵王にある蔵王ロープウェイが運営する樹氷のライトアップ。国内の樹氷は蔵王のほか、青森の八甲田、秋田の八幡平など限られた地域でしか見ることが出来ない。樹氷の育成には気象条件、降雪量など色々な条件があり、蔵王はこの条件をクリアし、広大な樹氷を大パノラマにて体感出来るので、是非足を運んで欲しい。

おすすめ樹氷鑑賞スポット

樹氷は蔵王温泉スキー場の中でも標高の高い所にできる。ライトアップ期間は12月後半から2月後半までの約50日間のみ。地蔵山頂駅（蔵王ロープウェイ山頂駅）を降りてすぐそこに広がるのはパノラマの樹氷原。樹氷を間近で見ることもでき、近くには展望台もある。

ナイトクルーザー号

日中の白銀に輝く樹氷も良いが、最高の絶景は間違いなく夜。そして、色彩豊かな照明で浮き上がる樹氷を、ナイトクルーザー号で体験して欲しい。蔵王ロープウェイが運営する樹氷高原駅から乗車出来るナイトクルーザー号に乗車し、夜の樹氷を間近で体験しよう。

ワンポイントアドバイス

樹氷鑑賞時の服装については、ナイトクルーザー号の車内は暖房完備があり、通常の冬着で十分だが、ただ、樹氷原では雪上車を降りて、10分ほど鑑賞の時間が用意されている。その際は、－10℃にもなり得る場所なので、必ず防寒着を準備しよう。

蔵王の樹氷は針葉樹が雪と氷に覆われてできる。間近で見る樹氷は神秘的の一言

ロープウェイから眺める色彩豊かな照明で浮き上がる樹氷の姿は圧巻

暖房付の特殊車両ナイトクルーザー号に乗車し、夜の樹氷を間近で体験

蔵王の樹氷	ベストシーズン
	12月下旬～3月上旬

お問い合わせ
蔵王ロープウェイ山麓駅
電話番号：023-694-9518
http://www.zaoropeway.co.jp

【アクセス】山形県山形市蔵王温泉 229-3
[車] 東北自動車道 山形蔵王IC下車、西蔵王高原ライン（有料）16.5キロ
[電車] 東京駅から山形新幹線利用、山形駅下車後、バスで40分

▶ロープウェイ運賃：おとな 2,600円、こども 1,300円
時間：17:00 ～ 21:00（上りは最終 19：50まで）
▶ナイトクルーザー（雪上車）運行コース：樹氷高原駅発～山頂線4号支柱 上部折返し～樹氷高原駅戻り 17:00 ～ 21:00（最終20:00まで）所要時間：約60分（クルーザー乗車時間は約30分）

パワースポット

竹駒神社
Takekoma Jinja

[宮城県] 庶民に愛される生活の神

東北で一、二を争う人気の神社！
気は優しくて力持ちな日本三大稲荷の一社

JR岩沼駅から徒歩10分、街に溶け込むように建っているのが、日本三大稲荷の一社に数えられることもある竹駒神社。東北開拓、産業開発の大神として、陸奥守・小野篁により842年に創建された。初詣の参拝客数は、東北では志波彦神社、鹽竈（塩釜）神社と並ぶ人気だが、一見そうは見えない庶民的な外観をしている。入り口の赤い鳥居横には子ども達が遊べる公園があり、なごやかな空間が広がる。参拝客の様子から、地域に愛される親しみやすい神社であることが伝わってくる。さわやかな風が境内から吹く鳥居をくぐり、屈曲した参道を進むと見事な楼門（随身門）がある。拝殿から吹く風が濃厚さを増し、いよいよパワースポットらしくなってくる。楼門の次は、鮮やかな色合いの赤い提灯が目立つ唐門。そして拝殿を参拝し終えた頃には、パワーの充電完了だ。拝殿左手には、出雲神社、総社宮、愛宕神社など、6つの社が並び、一通り参拝すると良い。さらにここからが本番で、竹駒神社奥宮と描かれた鳥居から拝殿の地下通路を通ると、竹駒神社元宮跡地、命婦社、竹駒神社奥宮がある。特に命婦社に陳列する三つの石「如意宝珠」は竹駒神社の三柱のご祭神を表わすパワーの源。如意宝珠のマークは、拝殿上部や随身門など境内各所で確認できる本神社の隠れたシンボルである。

お祭りされている神様

- 倉稲魂神（ウカノミタマノカミ）
- 保食神（ウケモチノカミ）
- 稚産霊神（ワクムスビノカミ）

皆、食物の神で女神であり、人間生活の基本である衣食住を守護する。岩沼市の辺りは、阿武隈川に由来してかつて武隈（たけくま）と呼ばれ、武隈明神と称していたが、それがなまって竹駒（たけこま）になった。稲荷といえば狐（キツネ）だが、駒＝馬で、馬と縁の深い神社でもある。

御利益ポイント

非常にパワフルな神社で、境内にいるだけで単純に元気になる。家内安全、商売繁盛、航海安全、安産祈願など御利益があるとされるが、これらの基本となる心と体の健康や、家事を主に担う人、成人前の子どもの守護に効果を発揮する。

このパワースポットのマナー

生活の基本を守護する神なので、自分の生活を成り立たせてくれている存在のために祈る。例えば体が資本なので自分の体に感謝する、食べ物を生み出す土地や作ってくれる人に感謝する。そうした生活の基本を改めて意識し、ありがたいと思うことが、御利益にもつながる。

近くのおすすめスポット

かつて境内で馬市が開かれていた竹駒神社には、3月の初午大祭の期間7日間中に開く馬事博物館がある。特に見物なのが伊達政宗公の金色の騎馬像。仙台城の有名な政宗騎馬像の原形となった。また、岩沼市には他に金蛇水（かなへびすい）神社という歴史ある神社があり、金運に強いと評判だ。

1812年建築の楼門。額の文字は仙台藩の第七代藩主、伊達重村の筆によるもの

楼門をくぐると、赤い提灯が目立つ唐門へ。1842年建築の総けやき造りの門

出雲大社本殿のミニチュア。大国主と蛭子神がご祭神として祭られている

総社宮に参拝すればかつての陸奥国が認めた全神社に参拝したことと同じになる

竹駒神社奥宮と描かれた鳥居から拝殿の地下通路を通ると、ここからが本番

命婦社に陳列する「如意宝珠」は竹駒神社の三柱のご祭神を表わすパワーの源

竹駒神社	参拝時間
	約 45 分

おすすめ参拝順路
① 一の鳥居
② 楼門（随身門）
③ 唐門
④ 拝殿
⑤ 出雲神社、秋葉神社など六つの境内社
⑥ 奥宮入口
⑦ 本宮跡地の祭壇
⑧ 命婦社
⑨ 奥宮

アクセス　宮城県岩沼市稲荷町1-1
［車］東北道　仙台南ICから約30分（仙台市内からはこちらがおすすめ）、白石ICから約40分（東京方面からはこちらがおすすめ）
［電車］JR仙台駅から東北本線で約20分、岩沼駅下車、徒歩10分

美味しさに誘われ仙台から蔵王へ

本場の牛タンで舌鼓を打つ

◆◇ たんとろ

[岩沼市] 仙台空港から徒歩12分

仙台と言えばやはり牛タン。仙台空港から一番近い牛たん焼専門店のたんとろは、仕込みに時間をかけ客の前で1枚1枚こだわりの炭火でじっくり焼き上げ提供される人気店。牛たん定食（1人前￥1,480から）は、肉厚でやわらかい牛タンと、じっくり煮込んださっぱり塩味のテールスープに麦飯、とろろという本場仙台スタイル。牛たんカレー（￥1,480）に牛たん串揚げ定食（￥1,480）、牛たんのやわらかトマト煮（￥780）も人気のメニュー。仙台名物牛たんの真髄を心ゆくまで味わいたい。

DATA Tel：0223-29-3770　宮城県岩沼市下野郷字新関沼1【営業時間】11:00～20:00【定休日】年中無休（12月31日～翌1月1日休）【アクセス】JR東北本線館腰駅から車で5分。国道20号線沿い。仙台空港から1キロほどの場所

牛たんの串揚げ定食も人気のメニュー（￥1,480）

炭火で焼き上げる牛たんを見ることもできる作り

仙台空港から一番近い牛たん炭火焼き専門店

◆◇ 音茶屋

[蔵王温泉] 蔵王温泉バスターミナルから徒歩10分

蔵王好きが集まり自分達で内装し開店した食事とお酒を楽しめる喫茶店。写真の山形牛がごろっと入った「親父のビーフカレー（￥850）」は程よい辛さにコクのある深い味わいで人気の一品。チーズをたっぷりのせてオーブンで焼いた焼きチーズカレー（￥900）や、化学調味料を一切使わないスープカレー（￥1,200）、ドリア（￥950）やスイーツなどのこだわり抜いたメニューの品々もおススメ。中国までお茶の買い付けに行き、店内で提供されるお茶も是非飲みたいところ。

DATA Tel：023-694-9081　山形県山形市蔵王温泉935-24【営業時間】冬期／12月中旬～4月中旬（雪の状況次第）10:00～24:00（L.O.23:30）グリーン期／10:00～21:00（L.O.20:30）【定休日】冬期／不定休（お問い合わせ願います）グリーン期／毎週水曜日【アクセス】蔵王温泉バスターミナルから蔵王エコーライン方向に徒歩10分

山形牛とカレーのハーモニー

自家製ブリュレ（￥420）のクォリティは最上級！

蔵王の疲れを一瞬で癒してくれる温もりある店内

雪も風もシャットアウトしてくれそうな店構え

蔵王の樹氷と竹駒神社と共に行きたい美味4店舗！

萬乃助

[岩沼市] 仙台空港ICから車で約15分

こだわりの山形県産そば粉、こだわりの水、こだわりのつゆ。宮城で味わうこだわりぬいた本物の「山形そば」を食べられる名店。山形・霊峰葉山の山麓で自家栽培し、石臼で挽く蕎麦粉の山形そば。写真の肉そば（¥700）は親鳥の鶏肉で出汁を取った人気の一品。板そば、げそ天そば（¥750）、山形名物のひっぱりうどん（¥850）、うどんとそばの合盛（¥950）とメニューも多彩で、それぞれの蕎麦の太さもお好みで細打ち、田舎打ち（太め）に変更できる。山形の地酒も揃っており夜にも訪れたい。

DATA Tel：0223-23-1770　宮城県岩沼市小川神田町22【営業時間】11:00～15:00（L.O.14:30）17:00～20:00（L.O.19:30）※月曜日は11:00～15:00までの営業　※土・日・祝日11:00～20:00までの営業（ただし蕎麦がなくなり次第終了）【定休日】火曜日【アクセス】仙台空港ICから車で約15分、JR岩沼駅から車で約9分

普通盛¥950、大板そば¥1,300、小板そば¥700

古民家を改築した店内は和のあたたかい雰囲気

和の趣を大切にした店構え。店先から食欲がそそる

山口餅屋

[蔵王温泉] 上の台駅より徒歩4分

蔵王温泉にある絶品お餅屋。店の一押しは、つきたてのやわらかいお餅と枝豆を茹でて潰し、砂糖を混ぜてまぶす「ずんだ餅」と、くるみ餡で和えたまろやかで甘みのある「くるみ餅」の「二色餅（¥630）」。地元で採取したくるみに加えるのは砂糖と塩のみ。「二色餅」はずんだ、くるみ、小豆、納豆おろし、納豆、おろし、きなこ、海苔の8種の中から2種が選べるのでその日の気分で注文も変えられる。お餅と漬物の相性も抜群で、お餅6個はペロリと食べられる量。おしるこ（¥400）や雑煮餅と餅2種類チョイスできる餅定食（¥1,200）も人気のメニュー。

DATA Tel：023-694-9088　山形県山形市蔵王温泉35【営業時間】9:30～17:00（売り切れの場合、早終いあり）【定休日】不定休（お問い合わせください）なお農繁期（田植え、稲刈り）は閉店【アクセス】蔵王スカイケーブル上の台駅より徒歩4分

お雑煮（¥850）は懐かしさを覚える優しい一品

冬場は店内入口のストーブでくるみを温めている

素朴なのれんをくぐるのが嬉しい。駐車場あり

北海道の旅

雲海テラスと明治天皇を祭る北海道神宮へ

例えばこんなプラン！

1日目
札幌市内〜トマム 電車 ¥5,130
トマム宿泊 ¥13,500

2日目
雲海テラス ゴンドラ ¥1,800
トマム〜札幌 電車 ¥5,130
北海道神宮 参拝
札幌市内 散策

合計 ¥25,560
（食費＋自宅までの往復交通費は入っていません）

絶景

雲海テラス ▶ 北海道神宮　北海道勇払郡占冠村字中トマム

🚆 **電車**
トマム駅よりスーパーとかち4号 札幌行き乗車、新さっぽろ駅にて札幌市営地下鉄東西線(普通)宮の沢行き乗り換え円山公園駅下車、徒歩18分（所要時間2時間30分 料金 ¥5,130）

🚗 **車**
国道136号線を通りトマムICから道東自動車道へ。北郷ICより国道274号線経由で北海道神宮 到着（所要時間2時間21分、総距離 150.3km、料金 ¥3,730 普通車）

パワースポット

北海道神宮 ▶ 雲海テラス　北海道札幌市中央区宮ヶ丘474

🚆 **電車**
円山公園駅から幌市営地下鉄東西線(普通)新さっぽろ行き乗車、新札幌駅でスーパーとかち3号 帯広行きに乗り換え、トマム駅下車、徒歩20分（所要時間2時間30分 料金 ¥5,130）

🚗 **車**
北1条宮の沢通から札幌江別道、南7条米里通、国道274号線、北郷ICから道央自動車道、千歳恵庭JCT経由 道東自動車道、トマムICから道136号線星野リゾートトマム 到着（所要時間2時間21分、総距離 150.7km、料金 ¥3,730 普通車）

美味

スープカリー Red Chili インドカリー
Tel：011-299-7560　札幌市中央区北3条西26丁目2-15 第23松井ビル1F 【営業時間】ランチ 11:30〜15:30 (L.O.15:00) ディナー 15:30〜23:00 (L.O.22:30) 【定休日】なし 年末年始のみ休み　アクセス／地下鉄東西線西28丁目駅から徒歩3分

だるま 本店
Tel：011-552-6013　北海道札幌市中央区南5条西4クリスタルビル1F 【営業時間】17:00〜3:00 (L.O.2:30) 【定休日】年末年始（12/31〜1/2）　アクセス／札幌市営地下鉄南北線 すすきの駅、札幌市電 東本願寺前駅、資生館小学校前駅より徒歩5分、札幌市営地下鉄南北線 すすきの駅、中島公園駅より徒歩7分

函館うに むらかみ 日本生命札幌ビル店
Tel：011-290-1000　北海道札幌市中央区北3条西4-1-1 日本生命札幌ビル B1 【営業時間】月〜金 11:30〜14:30 (L.O.13:45) 17:30〜22:30 (L.O.21:30) 土・日・祝 11:30〜14:30 (L.O.13:45) 17:30〜21:30 (L.O.20:45) 【定休日】不定休　アクセス／JR 札幌駅南口、札幌市営地下鉄南北線 さっぽろ駅から徒歩5分

えびそば一幻 総本店
Tel：011-513-0098　北海道札幌市中央区南7条西9丁目1024-10 【営業時間】11:00〜3:00（スープ切れ次第終了）【定休日】水曜日　アクセス／札幌市電 東本願寺前駅より徒歩3分

宮城の旅

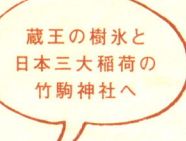
蔵王の樹氷と
日本三大稲荷の
竹駒神社へ

例えばこんなプラン！

【1日目】
仙台市内〜山形駅　¥1,140
山形駅〜蔵王（バス）¥190
蔵王散策・宿泊　¥9,000

【2日目】
蔵王〜山形駅（バス）¥190
山形駅〜仙台駅　¥1,140
仙台駅〜岩沼駅　¥320
竹駒神社散策
岩沼駅〜仙台駅　¥320
仙台市内　散策

合計　¥12,300
（食費＋自宅までの往復交通費は入っておりません）

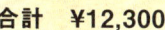

蔵王の樹氷 ▶ 竹駒神社　山形県山形市蔵王温泉229-3

電車
山形駅までバスで40分、山形駅からJR奥羽本線（快速）仙台行き乗車、仙台駅乗り換え仙台シティラビット2号 福島行き岩沼駅下車、徒歩20分（所要時間2時間30分 料金¥1,490 別途バス料金）

車
蔵王ラインから蔵王温泉付近まで県道14号線へ。山形蔵王ICで山形自動車道へ。白石ICで下車。奥州街道（陸羽街道）、県道12号線で竹駒神社 到着（所要時間1時間7分、総距離73.2km、料金¥1,870［普通車］、ETC ¥1,400）

竹駒神社 ▶ 蔵王の樹氷　宮城県岩沼市稲荷町1-1

電車
岩沼駅からJR東北本線（普通）仙台行き乗車、JR仙山線（普通）山形行き乗り換え、山形駅下車、バスで40分（所要時間2時間30分　料金¥1,490 別途バス料金）

車
陸前浜街道→奥州街道（陸羽街道）→県道52号線→県道14号線→村田ICから東北自動車道　山形蔵王ICから国道286号線→県道167号線→県道53号線→西蔵王高原ライン（所要時間1時間27分、総距離76.6km、料金¥1,550［普通車］）

たんとろ
Tel:0223-29-3770　宮城県岩沼市下野郷字新関迎1【営業時間】11:00〜20:00【定休日】年中無休（12月31日〜翌1月1日除く）【アクセス】JR東北本線館腰駅から車で5分。国道20号線沿い。仙台空港から1キロほどの場所

音茶屋
Tel：023-694-9081　山形県山形市蔵王温泉935-24【営業時間】冬期／12月中旬〜4月中旬（雪の状況次第）10:00〜24:00（L.O.23:30）グリーン期／10:00〜21:00（L.O.20:30）【定休日】冬期／不定休（お問い合わせ願います）グリーン期／毎週水曜日【アクセス】蔵王温泉バスターミナルから蔵王エコーライン方向、徒歩10分

萬乃助
Tel：0223-23-1770　宮城県岩沼市小川神田町22【営業時間】11:00〜15:00（L.O.14:30）17:00〜20:00（L.O.19:30）　※月曜日は11:00〜15:00までの営業【定休日】土・日・祝日11:00〜20:00までの営業（ただし蕎麦がなくなり次第終了）【定休日】火曜日【アクセス】仙台空港ICから車で約15分、JR岩沼駅から車で約9分

山口餅屋
Tel：023-694-9088　山形県山形市蔵王温泉35【営業時間】9:30〜17:00（売り切れの場合、早終いあり）【定休日】不定休（お問い合わせください）なお農繁期（田植え、稲刈り）は閉店【アクセス】蔵王スカイケーブル上の台駅より徒歩4分

鋸山
Nokogiriyama

[千葉県] 山と海の一大パノラマ

地獄のぞきは山と海を360°見渡せる一大パノラマ！
関東最古の日本寺では神秘的な空間が体験できる

鋸（のこぎり）の歯のような険しい稜線から鋸山と名付けられ、昔は東京湾に入る船の目印とされていた山だった。駅からも近く、徒歩のほかロープウェーや登山自動車道（有料）も整備されており、年齢や体力を問わず誰でも楽しめる関東の人気スポット。温暖な房総半島に位置しているため1年を通して絶景を見ることができ、富士山や東京湾をはさんだ対岸の三浦半島をはじめ、晴れた日には大島を見ることができる。南側斜面にある日本寺も必ず足を運んで欲しい。

地獄のぞき

左写真からわかる通り、最上部が突き出た断崖絶壁から絶景を拝み、100m下の石切場も覗き込むことができる地獄のぞき。ロープウェイで行く場合は山頂駅展望台から地獄のぞきを経て、百尺観音へのコースがおススメ。急な階段を上り続ける必要があるので準備は怠らずに。

ゴンドラでの空中散歩もおススメ。そして山頂展望台の展望は爽快な大パノラマ

室町時代から1982年まで続いた石切場跡地は山頂駅から徒歩約30分

日本寺（乾坤山日本寺）

日本寺は約1300年前に、聖武天皇の命を受け、行基菩薩によって開かれた関東最古の勅願所（ちょくがんしょ）。高さ31.05mの日本一の高さの大仏（薬師瑠璃光如来）、百尺観音像、千五百羅漢石像群などがあり、鋸山の南側斜面10万坪余りを境内としている。

30.3mの百尺観音は戦死病没難者供養と交通犠牲者供養のために彫刻された

薬師瑠璃光如来は、奈良東大寺大仏の約1.8倍の高さを誇る日本一の大仏

ワンポイントアドバイス

駅周辺のお店には鋸山登山道のとてもわかりやすい地図が配布されているので必ず取得しよう。鋸山はある程度の舗装はされているが、滑りやすいのでトレッキングシューズを履いて動きやすい服装で行こう。季節は雪が降らなければ年中問題ないが一番は春から初夏がおススメ。

関東No.1の富士山!
鋸山からの富士山は絶景。関東の富士見100景にも選ばれている屈指のスポット

鋸山	ベストシーズン
	4月下旬〜11月
	（春〜初夏が散策にはおススメ）

アクセス 千葉県安房郡鋸南町
[車] 富津館山道路 富津・金谷ICから国道127号線を館山方向へ約5分 [電車] JR内房線 浜金谷駅下車、国道127号線を館山方向へ徒歩約8分

お問い合わせ

鋸山ロープウェー株式会社
Tel：0439-69-2314
千葉県富津市金谷4052-1
【営業時間】◎通常 9:00〜17:00（2月16日〜11月15日）◎冬季 9:00〜16:00（11月16日〜2月15日）◎大人（12才以上）：片道¥500 往復¥930 ◎小児（6才以上）：片道¥250 往復¥450 所要時間：片道約4分

恋人の聖地で有名な、金谷のモニュメントは東京湾フェリーの駐車場内にある

香取神宮
Katori Jingu

パワースポット ［千葉県］日本最強の神剣ここにあり

鹿島神宮
Kashima Jingu

パワースポット ［茨城県］太陽が立ち上る門出の地

パワースポットのフルコース！
身も心も全て整えたいあなたにおすすめ

香取・鹿島の神と言えば、日本を代表する武道の神様。共に天照大御神から派遣されて日本の国土を平定した建国の神で、貴族の頂点にいた藤原氏の氏神でもあるなど共通点が多く、同一の神や兄弟神という説もある。どちらも見所の多い神社で、拝殿の参拝がクライマックスでは無い。要石と奥宮と池の3カ所は、是非参拝して欲しい。要石は大地のパワー、奥宮は天のパワー、池は水のパワー、そして大鳥居から参道を通って拝殿を参拝する大半の方が通るルートは火のパワーと、両神社ではパワースポットのフルコースを体験できる。香取神宮は大半の方が通るルートだけでも、自然豊かな参道や迫力ある拝殿で癒され気力がみなぎるのを感じるが、さらに欲張って拝殿の横や裏手に回ることをおすすめしたい。三本杉など、そばにいるだけで心がどっしりと落ち着く巨木がいくつも存在する。香取の池も隠れたパワースポットだ。鹿島神宮は大鳥居を入ってすぐ左手に、坂戸社・沼尾社など小さなお社がいくつかある。香取の神など鹿島とご縁の深い神様が祭られており、まず参拝されると良い。拝殿を参拝した後、奥へ真っ直ぐと進み奥宮を参拝すると、要石への道と御手洗池への道に分かれる。御手洗池は茶店もあり、ほっと一息つける場所なので、要石を見た後に行くことをおすすめする。

お祭りされている神様

香取神宮・経津主大神（フツヌシノオオカミ）
鹿島神宮・武甕槌大神（タケミカヅチノオオカミ）

両神は軍神・武神であり刀剣の神である。社名に神宮が付くのは明治時代になるまで長らく伊勢・香取・鹿島のみであり、日本の平安を守る神様として、皇室からも特別の尊敬を集めてきた。

このパワースポットのマナー

香取・鹿島神宮の両神は、天皇陛下を始め、日本の国全体の平安を願う人達の祈りを聞き届けるのに忙しい。しかし、個人の心の平安は国全体の平安にもつながるので、遠慮せずに強い意志を持って誓いの言葉を伝えよう。

御利益ポイント

「鹿島立ち」と言う旅立ちを意味する言葉がある。新たな人生の旅立ちを迎える人が、「私は必ず○○します」と誓いの言葉を伝えると、両神は実現の後押しをしてくれる。勝負運や心の平安を得るのにも向いている。

近くのおすすめスポット

香取・鹿島神宮と特に縁が深いのが、茨城県神栖市の息栖神社。三社あわせて「東国三社」と呼ぶ。日本神話では、天界から香取・鹿島の神様が地上に降り立つ時に、息栖が道案内をし、乗り物の船になったとされる。

香取神宮

香取神宮の楼門は元禄13年、幕府造営のもの。重要文化財に指定されている

表参道にあるしっかりとしたグレー色の一の鳥居。二の鳥居までは道なりに約1.6km

歓迎と掲げられた大きな白い門をくぐり、いざ香取神宮へ。ここで記念撮影する人も多い

鹿島神宮

鹿島神宮の楼門は日本三大楼門のひとつ。こちらも重要文化財に指定されている

鹿島神宮の仮殿。社殿造営のため徳川2代将軍の秀忠公が奉納した

鹿島神宮の摂社奥宮。徳川家康が関ヶ原戦勝後に奉納し、その後この位置に遷した

香取神宮

日本全国に約400社あるという香取神社の総本社
出雲の国譲りを成功させた神様を祀る

参道の左手にある護國神社。明治以降の国難に殉じた香取出身の御霊を御祭神としている

香取の宮中、旧参道の中程に鎮座する奥宮。フツヌシノ大神の荒御魂を祀る

重要文化財の本殿は、元禄13年（1700年）に、徳川幕府の手によって造営された

源頼義公が3つの願いをこの木にかけたところ1本の杉が三枝に別れたとされる三本杉

旧拝殿、県指定文化財の祈祷殿。彫刻等の随所に造営時の様式が示されている

香取神宮の要石は凸形、鹿島は凹形で、地中の大ナマズの頭尾を抑えている

要石とは？

地震を起こすとされるナマズの頭を、香取・鹿島の両神が地中深くまで埋まる要石で抑えていると古くから伝えられている。徳川光圀がどこまで深く埋まっているか確かめようと7日7晩にわたって掘らせたものの、いつまで経っても辿り着くことができなかった。そればかりか、怪我人が続出したために掘ることを諦めたという話が黄門仁徳録に記されている。

香取神宮	参拝時間
	約60分

おすすめ参拝順路

① 大鳥居
② 神池
③ 楼門
④ 馬場殿神社など
⑤ 拝殿・本殿
⑥ 三本杉
⑦ 匝瑳神社
⑧ 鹿島新宮
⑨ 護国神社
⑩ 要石
⑪ 奥宮

アクセス 千葉県香取市香取1697-1
[車] 東関東自動車道 佐原香取ICを降りてすぐの信号を左折 約2分で看板あり（東京より約90分）
[電車] JR千葉駅で乗り換え、成田線 佐原駅下車、タクシーで約10分

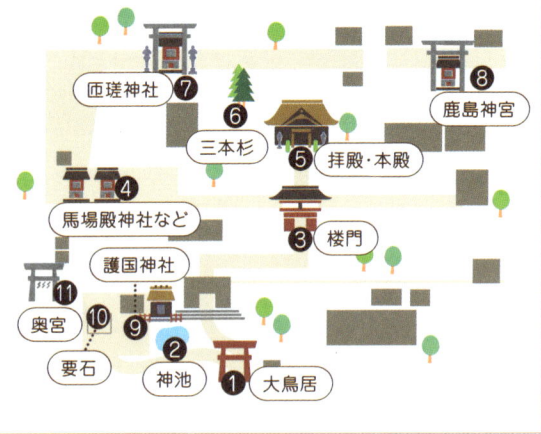

鹿島神宮

ライジングサンを象徴する強力な開運パワー
香取神宮とペアで日本の東を守っている

日本国歌の歌詞にも出てくる「さざれ石」もパワーがある。鹿園の脇にたたずむ

御手洗池は旧表参道の入口にあり、その名の通り昔はここで心身を清めてから参拝をしていた

要石を守る鳥居。鹿島神宮内でも奥の方に位置するが必ず行った方が良いパワースポット

小林一茶の俳句「大地震（おおなえ）にびくともせぬや松の花」が書かれた木札

剣をもち大ナマズを抑えるタケミカヅチノ大神の石碑。日本神話最強の武神、勝利の神

地中奥深くまであるとされる要石。手をかざすと、じんわりと温まってくるように感じる

ワンポイントアドバイス

鹿島神宮は、皇居～明治神宮～富士山～伊勢神宮～吉野山～高野山～剣山～高千穂へと一直線に続く、レイライン（一直線上に並ぶ聖地）の東端に位置する。仕事や人生に総合的な開運力のある、関東最強クラスのパワースポット。人や組織を束ねるリーダーや独立起業者、人生の転換期や自分の道を突き進む時に、ぜひ参拝したい神社。

鹿島神宮	参拝時間
	約 60 分

アクセス　茨城県鹿嶋市宮中（大字）-2306-1
［車］京葉道 宮野木JCT経由、東関東自動車道 潮来ICから約90分［電車］JR千葉駅で乗り換え、成田線 佐原駅乗り換え、鹿島線 鹿島神宮駅下車、徒歩10分

おすすめ参拝順路
① 大鳥居
② 坂戸社・沼尾社遥拝所
③ 楼門
④ 高房社
⑤ 拝殿・本殿
⑥ 奥宮への参道
⑦ 奥宮
⑧ 要石
⑨ 御手洗池、大黒社

こだわりの旨さに出会える千葉

伝説の手打ち
そば師のそば！

◆◆
竹やぶ

[鹿嶋市] 鹿島神宮から徒歩7分

鹿嶋市で蕎麦と言えば必ず名前があがるくらいに、多くの蕎麦通たちに知られている名店。メニューは豊富にあるがおすすめはやはり「天ぷら付特上そば（¥1,670）」。そのままでもいただけそうな、香り良い美味な蕎麦は、かつおの風味がきいた甘みのあるつゆに漬けて食べると、この地域で人気の理由がわかるはず。新鮮な食材を使った揚げたての天ぷらもまた上品な一流の味。緑豊かな中庭を眺めながら本物の蕎麦を味わう至福のひと時である。席はテーブル、座敷、囲炉裏カウンターと数種あり、広々としていてゆっくり落ち着ける空間となっている。

DATA Tel：0299-83-4416　茨城県鹿嶋市宮中2-1-28【営業時間】11:30～20:00（蕎麦がなくなったら早じまいあり）【定休日】木曜日　アクセス／鹿島神宮、鹿島神宮駅から徒歩7分

くべられた炭の火が急須を温める。風情ある囲炉裏

蕎麦屋ならではの店内はとても綺麗で凛とした雰囲気

看板がなければ民家にも見える落ち着いた佇まい

◆◆
見波亭

[富津市] 鋸山ロープウェーから徒歩10分

美味しい
地産スイーツ

バウムクーヘンを中心とした焼き菓子を販売している人気店。最も人気の高い、モンドセレクション最高金賞を連続受賞しているという「のこぎり山バウムクーヘン（3山¥1,240）」は噛めば噛むほどに甘さが広がる深い味わい。農林水産大臣賞を受賞した地たまごの菜の花たまごや酪農発祥の地として名高い三芳村の牛乳を使用しているなど素材へのこだわりが徹底している。この店が面白いのは、その製作の様子も見て楽しむことができるという点だろう。ゆっくりと回転しているたくさんのバウムクーヘンや、手際良く動く職人さんの姿も楽しめる。

DATA Tel：0439-69-8373　千葉県富津市金谷2288 ザ・フィッシュ内【営業時間】9:00～18:00【定休日】無休　アクセス／鋸山ロープウェーから徒歩10分　浜金谷駅から徒歩5分

「南総ロールいちご」はボリュームたっぷりで¥1,430

生地を焼く前のバウムクーヘン。すでに甘い香りが漂う

ガラス越しに一流の職人さん達の仕事を眺められる

鋸山と香取・鹿島神宮と共に行きたい美味4店舗!

焼きたてのもちもち食感!

和茶房うの

[香取市] 香取神宮から徒歩7分

香取神宮表参道にて営業している、だんごがメインの和風カフェ。だんごメニューは数種あるが、上質なうち米のみを使い余計な物を一切使わず丁寧に作っており、どのだんごも絶妙なやわらかさがあり食感が素晴らしい。草だんご、みたらしだんご、抹茶という組み合わせの「草・焼セット(¥800)」は、焼きたてのだんごの新鮮な食感と、地下40mの自家井戸から汲み上げた地下水を使用したというこだわりの抹茶の味が堪能できる。店内のレコードからはどこかで聞いたことのあるような懐かしの楽曲が流れ、優しく心地良い癒しの空間を演出している。

解放感のあるオープンテラス席。緑色の傘がまた渋い

座布団席でスイーツを頬張る。アットホームな雰囲気

土産物屋にも見えるような飾り気のない外観と看板

DATA Tel:0478-57-3581 千葉県香取市香取1892【営業時間】10:00~17:00頃【定休日】月・木曜日 アクセス/香取神宮から徒歩7分

Pizza Gonzo

[富津市] 鋸山ロープウェーから徒歩7分

石窯で焼くナポリタイプのピザ専門店。石窯は地元鋸山の房州石を使った手作り製で、燃料は南房総の山から切り出された薪を使っている。豊富にあるメニューの他に月替りのピザメニューがあり、写真は2月限定の「ナバーナ(¥1,500)」。菜の花をふんだんに使ったチーズレスのピザで、さっぱりしつつも生ハムの塩味とパルミジャーノがきいたクセになるような美味さ。ちなみにネーミングはイタリアっぽくちょっとお笑い要素も込めているとのこと。食後にはアツアツのスイーツ、デザートピザもおすすめだ。

手作りの石窯で焼かれるピザ!

DATA Tel:090-1439-5030 千葉県富津市金谷3869-2【営業時間】木~月曜 11:00~18:00 (L.O.17:30) 火曜 11:00~14:30 (L.O.14:00)【定休日】水曜日 (祝日は営業) ※たまに臨時休業あり アクセス/鋸山ロープウェーから徒歩7分 東京湾フェリー 金谷港より徒歩10分 JR内房線 浜金谷駅より徒歩3分

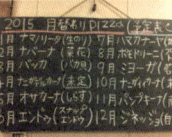
月替りメニューは壁に吊るされたボードでチェックできる

外側から見ると建物にそのまま石窯が連結されている

店に近づくと派手めのお洒落な看板が出迎えてくれる

三十槌の氷柱
Misotsuchi no Tsurara

 絶景

［埼玉県］大自然が生み出す氷のオブジェ

岩肌にしみでる湧水が創り上げる無数の氷柱（つらら）
奥秩父ならではの冬の厳しい環境から創られる氷の芸術

知る人ぞ知る冬の観光名所、三十槌の氷柱。奥秩父、大滝村の荒川沿いに切り立つ山の岩肌から染み出す湧水が寒さによって凍り、無数の氷柱を作り出す。幅20ｍ、高さ10ｍにも及ぶ氷柱の見頃は、寒さの最も厳しい1月中旬から2月中旬。天然氷柱の上流の崖には、水を流して造られた幅55ｍ、高さ25ｍのより大きなスケールの人工氷柱もある。清流に写りこむ氷柱も美しく、冷たい川の空気を吸えば、心が洗われることは間違いないだろう。

氷柱ライトアップ

シーズンになると青、白、赤色の3色のライトアップが氷柱を照らし、2色同時のライトアップで様々な色のバリエーションも楽しめる。天然の氷柱と上流の人工氷柱も同時にライトアップされており、そのどちらもよく見える2箇所の氷柱見台（ウッドデッキ）もあるので是非チェックして欲しい。

大滝氷まつり

氷柱が最も美しい時期に、秩父観光協会大滝支部主催で、大滝氷まつりが開催される。会場では特産品と甘酒の販売を行うほか、秩父の観光パンフレットの配布や、日帰り温泉施設の利用割引券配布なども行っている。詳しくは以下の秩父観光協会の連絡先まで。

ワンポイントアドバイス

氷柱を見て体が芯まで冷えた後は、ウッドルーフ奥秩父オートキャンプ場内にある、薪ストーブが暖かいカフェウッドルーフで温まろう。ワッフルセット、舞茸ごはんセット、みそポテトや、みそこんにゃくなどが味わえる。甘酒や煎れたてのコーヒーもおススメ。

ライトアップされる前のつららもとても幻想的。
つららと樹木が作り出す芸術は一見の価値あり

三十槌の氷柱

ベストシーズン
1月上旬～2月下旬頃
（氷の状況により終了が早まる場合があります）

お問い合わせ
（社）秩父観光協会 大滝支部
Tel：0494-55-0707
http://www.chichibuji.gr.jp

▶三十槌の氷柱ライトアップ
2015シーズン：1月17日～2月15日
平日 17：00 ～ 19：00
土・休日 17：00 ～ 21：00
駐車料金：車500円 バイク200円

アクセス 埼玉県秩父市大滝4066-2
[車]①関越自動車道 花園I.C.から国道140号を利用、秩父市内へ（花園ICから約50km）②関越自動車道 川越I.C.または鶴ヶ島I.C.から国道299号を利用、秩父市内へ [電車・バス]池袋駅から西武鉄道で西武秩父駅下車。西武観光バス 急行 三峯神社線乗車。三十場停車場下車。

ウッドルーフ奥秩父オートキャンプ場

国道140号近く荒川沿いにある、このオートキャンプ場が三十槌の氷柱現地の一番近い場所で、駐車場もある。
Tel：0494-55-0500　http://www.woodroof.jp

三峯神社
Mitsumine Jinja

パワースポット

[埼玉県] 狼がいざなう修行の地

関東最強の呼び名は伊達じゃない!
強くなりたいヒトにおススメの誇り高き修行スポット

誰が言い出したか関東最強とも言われる三峯山中のパワースポット。人気アイドルグループ「ももいろクローバーZ」のライブやスピリチュアルなTV番組に登場してすっかりソフトイメージだが、元々は山伏や修験者の修行の地として名高い。極真空手を創った大山倍達は、剣豪・宮本武蔵が修行した場所だと聞いて、何度もここ三峯で山ごもりや合宿を行なっている。三峯山とは神社を囲む三つの山「白岩山・妙法ヶ岳・雲取山」であり、神社も標高約1,100メートルとかなり高い場所にある。そのため高い山特有の清涼感に神社全体が包まれている。三峯といえば狼(オオカミ)。お犬様と呼ばれる狼信仰の中心地で、神社の狛犬も狼だ。宮崎駿監督の映画「もののけ姫」に出てくる巨大な白い狼「モロの君」は、三峯神社の大口真神(おおぐちまかみ)がモデルである。その大口真神を祭るのが、御仮屋(おかりや)。拝殿から徒歩10分程で、宿泊施設(興雲閣)を通り抜け、縁結びの木のさらに奥にある。ここは三峯信仰の中心地で、辺りには超自然的な場所がある。例えば御仮屋裏手の山の斜面に上がると、風がものすごい勢いで吹き上がって来る。一般の人が気軽に出入りできる地で、こうした超自然的なパワーを感じられる場所があるのは、関東では三峯くらいだろう。

お祭りされている神様

主祭神	・伊弉諾尊	イザナギノミコト
	・伊弉冊尊	イザナミノミコト
配祀神	・造化三神	アメノミナカヌシ、タカミムスヒ、カミムスヒ
	・天照大神	アマテラスオオカミ

世界の最初に現れたとされる造化三神、日本列島や日本神話の神々を産んだイザナギ・イザナミ、日本神道の最高神アマテラスと、創造の源となる神々が祭られている。

御利益ポイント

ここは商売繁盛が有名で、全国から多くの経営者が来る。商売でも家業でも学問でも芸事でも、何かを追求する人達が「続けて」参拝すると応援してくれる。火のようなパワーあふれるご祈祷もおすすめ。

このパワースポットのマナー

ここは厳しい神様だと思って間違いない。とにかく真剣さを問われる。ご祈祷を受けると、授かったお札をお返しするために翌年も来る必要があるのだが、それも本気の覚悟がある人だけ応援する神様だからだ。

近くのおすすめスポット

そんな覚悟なんて無い、もっと優しい神様はいないの?という方は、秩父神社に行こう。秩父地方を代表する神社で、秩父駅や西武秩父駅から徒歩で行ける。三峯に継続参拝する人も一度はご挨拶しておくと良い。

とても珍しい形の三ツ鳥居。ここを抜けると、気持ち良い参道がしばし続く

神社の創始者とされる日本武尊(ヤマトタケル)の銅像。本体5.2m、地上15m

三峯神社に向かう随身門。この随身門の横には狛犬(オオカミ)が鎮座する

願望実現・金運の強力スポットである拝殿と両脇の重忠杉の前で並ぶ参拝の人たち

拝殿の参拝後、重忠杉に手を付けてお祈りすると、ご神木の気をもらえる

12年の辰年から拝殿前の石畳に水をかけると縁起が良いとされる龍神が浮かび上がる

三峯神社	参拝時間
	約60分

アクセス 埼玉県秩父市三峰 298-1
[車] 関越自動車道・花園ICより国道140号線、皆野寄居バイパス経由で約2時間 [電車] JR高崎線 熊谷駅乗り換え、秩父鉄道 三峰口駅下車、西武バス三峯神社(終点)

おすすめ参拝順路
① 三ツ鳥居
② 日本武尊(ヤマトタケル)の銅像
③ 奥宮遥拝殿
④ 随身門
⑤ 青銅鳥居
⑥ 手水舎
⑦ 拝殿&神殿
⑧ 重忠杉
⑨ 摂社末社
⑩ 縁結びの木
⑪ 御仮屋

秩父の美味はどれもインパクト大！

並盛の2倍 特盛丼

◆◆
野さか

［秩父市］西武秩父駅から徒歩3分

秩父の名物・豚みそ丼本舗。自家製みそだれで漬け込んだ豚肉を備長炭で焼き上げ、秩父の水で炊いたご飯に乗せたロースとバラの両方が載った豚みそ丼（¥850）の他に、ロースのみのロース丼や、バラのみのバラ丼がある。お味噌汁とお新香付で、さらに自慢の醤油だれもじっくり味わいたい。生卵とねぎのトッピング追加もできる。豚みそ漬けがなくなり次第終了なので早めに入店を。

DATA 埼玉県秩父市野坂町1-13-11【営業時間】11:00～15:00 売り切れの際早終いする時有り【定休日】原則的に無休。休日はホームページ（http://www.butamisodon.jp）で確認を【アクセス】西武鉄道・西武秩父駅から徒歩3分

お味噌汁とお新香がついた豚みそ丼。女性は並盛。男性は特盛を是非

昭和の雰囲気を醸し出す和風の店構え。店内はレトロで落ち着きのある和の空間。総座席数24席

◆◆
天然氷蔵元
阿左美冷蔵 寶登山道店

［長瀞町］長瀞駅から徒歩3分

明治23年創業の天然氷専門のかき氷店。かき氷の一番人気は阿波産和三盆を煮詰めた秘伝みつ（¥1,000）。春には桜を使ったシロップのかき氷、桜あずきなど、材料次第で季節のメニューも変わる。その他にも、喫茶メニューも充実し、京都の玉屋珈琲の有機栽培珈琲豆を使ったあたたかいコーヒーや抹茶にオリジナルのお菓子のセットも人気。臨時休業日や営業時間の変更は公式Facebook又はブログで随時確認したうえで行こう。写真は人気上位の抹茶あずき黒みつ（¥800）。

DATA Tel：0494-66-1885 埼玉県秩父郡長瀞町大字長瀞781-4【営業時間】10:00～16:30頃【定休日】火曜日（12月～3月は月・火・水・金曜休業）【アクセス】秩父鉄道長瀞駅を下車し正面の宝登山への道を直進3分、右手

キメの細かい天然氷！

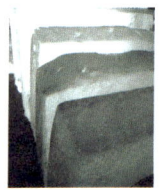
かき氷に使う寶登山麓の湧き水から作られた天然氷

店頭に掲げられた目を引く「氷」ののれんが目印

三十槌の氷柱と三峯神社と共に行きたい美味 4 店舗！

◆◆
JURIN's GEO
ジュリンズ ジオ

[秩父市] 浦山口駅から徒歩 15 分

秩父 34 ヵ所札所巡りの 28 番目の橋立堂の境内にあるカフェ。コーヒーは全種、カップオブエクセレンス受賞農園の受賞当該豆。アイスクリームにシャーベット類はその季節の食材を大事にした丁寧なハンドメイド。森のカシスや野イチゴ、絹ショコラ、こがしバターミルクにカモミールの花と、メニューからも優しい味が伝わってくる。休日は売切れも多いので早めにオーダーを。左の写真は野いちごのシャーベットに岩塩ミルクの組み合わせ（¥600）。

DATA Tel：0494-25-5511 埼玉県秩父市上影森 673-1 札所 28 番橋立堂内【営業時間】AM 10：00〜日の入りまで(ラストオーダーPM5:00)【定休日】水、金 ※冬季（不定休）※夏季（7月最終土曜〜9月第一日曜）は無休【アクセス】秩父鉄道 浦山口駅下車徒歩 15 分

店内はウッディな造りとなっており、心身ともに落ち着く雰囲気

カップオブエクセレンス受賞農園の受賞当該豆を厳選

◆◆
わへいそば

[秩父市] 秩父駅より徒歩 10 分

蕎麦の香りもしっかりとした粗挽き手打ちそば。そばの実の種皮（甘皮）を一緒に挽くため黒い粒が麺に残りほのかな甘みも。通常のつゆのほか、冷たいそばであれば秩父の山胡桃をすり入れたくるみ汁でも味わいたい。一品料理の蕎麦豆腐（蕎麦の実が上にトッピングされている）も絶品。蕎麦の実入りの蕎麦焼き味噌、そば焼酎、そして春先ならタラの芽、こごみ、こしあぶら、たけのこなどの季節限定の天然の山菜天ぷらもお試しあれ。

DATA Tel：0494-24-9280 埼玉県秩父市中村町 1-4-13【営業時間】月〜水・金・土・日 11:00〜18:00（売り切れ次第終了）【定休日】木曜日【アクセス】西武鉄道 西武秩父駅より徒歩 20 分 秩父鉄道 秩父駅より徒歩 10 分 西武バス ぐるりん号 バス停 市立病院入口より徒歩 2 分

天然の山菜天ぷら盛り合わせも是非注文して欲しい

「わへいそば」の大きな看板が掲げられた外観

落ち着いた雰囲気の和風個室でゆっくりと美味を堪能

千葉の旅

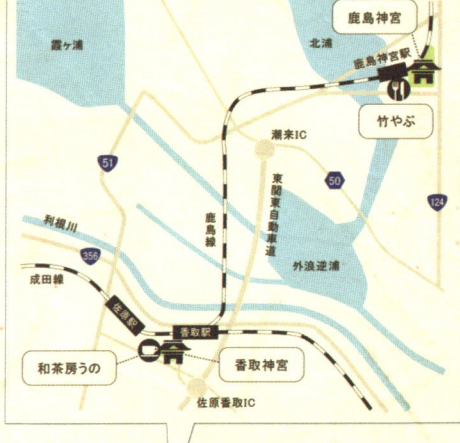

例えばこんなプラン！

1日目
本千葉駅〜浜金谷駅 ￥1,140
鋸山ロープウェイ ￥930（往復）
浜金谷駅〜本千葉駅 ￥1,140
千葉市内 宿泊 ￥6,500

2日目
本千葉駅〜佐原駅 ￥970
香取神宮 参拝
佐原駅〜鹿島神宮駅 ￥320
鹿島神宮 参拝
鹿島神宮駅〜本千葉駅 ￥1,320

合計 ￥12,320

鋸山と香取・鹿島神宮は距離があるので
2泊ほどの余裕をもっての旅をおススメします。
（食費+自宅までの往復交通費は入っていません）

鋸山と
建国の神を祭る
香取・鹿島神宮へ

絶景

鋸山 ▶ 香取神宮　千葉県安房郡鋸南町

🚃 **電車**
国道127号線 徒歩約8分、浜金谷駅で、JR内房線乗車、
千葉駅でJR成田線乗り換え、佐原駅下車、タクシーで約10
分（所要時間2時間50分 乗車券￥2,270 別途、タクシー
料金）

🚗 **車**
内房なぎさラインから富津金谷ICで富津館山道路へ。木更
津南JCT経由 館山自動車道。千葉東JCTより京葉道路へ。
東関東自動車道 佐原香取インター下車、県道55号線で香
取神宮 到着（所要時間1時間36分、総距離127.6km、
料金￥3,510［普通車］ETC￥2,850）

パワースポット

香取神宮 ▶ 鹿島神宮　千葉県香取市香取1697-1

🚃 **電車＆タクシー**
香取駅までタクシーで10分、鹿島線各停鹿島神宮行、鹿
島神宮駅下車徒歩10分（所要時間40分 乗車券￥240
別途、タクシー料金）

🚗 **車**
県道253号線から佐原香取ICで東関東自動車道（湾岸市川
- 潮来）へ。潮来ICで下車。延方西付近 県道101号線へ。
国道51号線、県道18号線、県道192号線、鹿島神宮到着
（所要時間23分、総距離17.5km、料金￥360［普通車］
ETC￥250）

美味

竹やぶ
Tel：0299-83-4416　茨城県鹿嶋市宮中2-1-28【営業時
間】11:30〜20:00（蕎麦がなくなったら早じまいあり）【定休日】
木曜日　アクセス／鹿島神宮、鹿島神宮駅から徒歩7分

見波亭
Tel：0439-69-8373　千葉県富津市金谷2288 ザ・フィッシュ
内【営業時間】9:00〜18:00【定休日】無休　アクセス／
鋸山ロープウェーから徒歩10分　浜金谷駅から徒歩5分

和茶房うの
Tel：0478-57-3581　千葉県香取市香取1892【営業時間】
10:00〜17:00頃【定休日】月・木曜日　アクセス／香取神
宮から徒歩7分

Pizza Gonzo
Tel：090-1439-5030　千葉県富津市金谷3869-2【営
業時間】木〜月曜 11:00〜18:00 (L.O. 17:30) 火曜
11:00〜14:30 (L.O. 14:00)【定休日】水曜日（祝日は営
業）※たまに臨時休業あり　アクセス／鋸山ロープウェーから
徒歩7分　東京湾フェリー 金谷港より徒歩10分　JR内房
線 浜金谷駅より徒歩3分

埼玉の旅

神秘の氷柱と
関東最強の
三峯神社へ

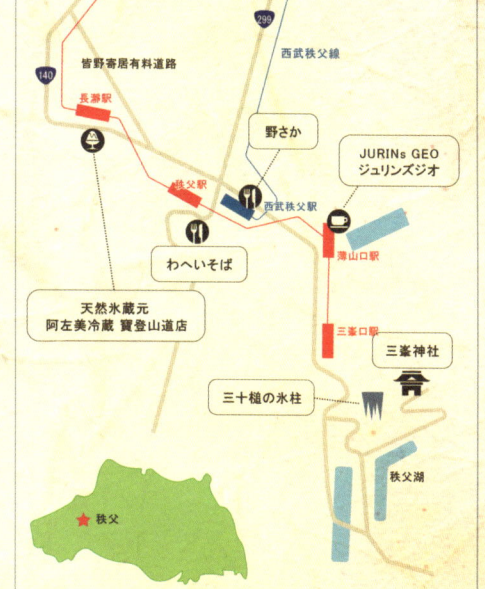

例えばこんなプラン！

1日目
レンタカー　¥9,180
さいたま市内〜三峯神社
〜三十槌の氷柱　¥1,980
秩父市内　宿泊　¥6,000

2日目
秩父市内〜秩父神社
秩父神社〜さいたま市内　¥1,980

合計　¥19,140
（食費＋自宅までの往復交通費は入っていません）

絶景

三十槌の氷柱 ▶ 三峯神社　埼玉県秩父市大滝 4066-2

🚌 バス
西武観光バス 急行 三峯神社線乗車。三峯神社 停車場下車
（所要時間33分　料金 ¥655）

🚗 車
県道278号線を秩父湖方面へ。道沿いに表示あり。
（所要時間26分　料金 ¥0）

パワースポット

三峯神社 ▶ 三十槌の氷柱　埼玉県秩父市三峰 298-1

🚌 バス
西武観光バス 急行 三峯神社線乗車。三十場 停車場下車
（所要時間33分　料金 ¥655）

🚗 車
県道278号線を秩父市内方面へ。道沿いに表示あり。
（所要時間26分　料金 ¥0）

美味

野さか
埼玉県秩父市野坂町 1-13-11【営業時間】11:00〜15:00 売り切れの際早終いする時有り【定休日】原則的に無休。休日はホームページ（http://www.butamisodon.jp）で確認を【アクセス】西武鉄道・西武秩父駅から徒歩3分

天然氷蔵元 阿左美冷蔵 寶登山道店
Tel：0494-66-1885　埼玉県秩父郡長瀞町大字長瀞781-4【営業時間】10:00〜16:30頃【定休日】火曜日（12月〜3月は月・火・水・金曜休業）【アクセス】秩父鉄道長瀞駅を下車し正面の宝登山への道を直進3分、右手

ジュリンズ ジオ
Tel：0494-25-5511　埼玉県秩父市上影森 673-1 札所28 番橋立堂境内【営業時間】AM 10:00〜日の入りまで（ラストオーダー PM5:00）【定休日】水、金　※冬季（不定休）※夏季（7月最終土曜〜9月第一日曜）は無休【アクセス】秩父鉄道 浦山口駅下車徒歩 15分

わへいそば
Tel：0494-24-9280　埼玉県秩父市中村町 1-4-13【営業時間】月・水・金・土・日 11:00〜18:00（売り切れ次第終了）【定休日】木曜日【アクセス】西武鉄道 西武秩父駅より徒歩 20分　秩父鉄道 秩父駅より徒歩 10分　西武バス ぐるりん号 バス停 市立病院入口より徒歩 2分

column 参拝の仕方

神社の参拝でわからないことだらけの人は多いはず。
以下の手順で神社参拝すれば問題無し。
必ず心がけたいことは、尊い方が境内や社にいると想うその「心」。

1. 鳥居から聖域となる

まずは鳥居をくぐります。近道はだめです。鳥居をくぐるときには頭をさげ、お参りさせていただきます、と思いながらくぐります。くぐるまえに、一度立ち止まり、氏名と住所を口にすると良いとされる神道研究家の方もいます。

2. 手水舎（てみずや）で手と口を清めよう

まずは柄杓で左手に水をかけます。つぎに右手に水をかけます。それから左手に水をためて、手の中の水をふくみ口をすすぎます。口の中の水は吐き捨てて、柄杓に残った水はそのままにします。柄杓を洗うように柄杓をたてます。

また、手水舎の水が枯れていたり柄杓がないときは、境内の草木の葉を右手で取り左手に持ちかえます。「あまざかる天の河原に水絶えて、お清めさせていただきます」と、小声で唱え、祝詞を申し述べ、周囲を祓い清めます。

3. 参道の歩き方

参道を歩くときは真ん中を歩かずに、左端のほうを歩きましょう。参道の中央は正中といい、神さまがお通りになるところだといわれています。帰るときにも左端を歩いて帰れば中央を通らずに帰れます。

4. 拝殿（はいでん）での立ち位置

拝殿の前では中央に立ってはいけません。拝殿の中央は、神さまがお通りになる道であり、お座りになる場所になります。右でも左でも中央からずれてお祈りをしましょう。ちなみに拝殿の奥が本殿、あるいは神殿といいます。

5. お賽銭

お賽銭は同額のお金、一般的には百円を3つ用意します。風水師の方は百円、五十円、十円と異なる色の硬貨を入れると良いとしています。また、五円はご縁がありますように、十円は重ね重ねご縁がありますようになどの意味があるそうですが、実際は決まりはなく千円札でも1万円札でも良いのです。もともとお賽銭には占いや祓いの意味があったそうですが、今は神さまにお願いやお礼をするときの真心を表すものとして考えて良いそうです。鈴があれば鈴を鳴らし、投げつけるのではなく、そっと入れるのが良いとされています。

参拝チェックポイント

- ○ 鳥居をくぐるときには頭をさげ、お参りさせていただきますと思いながらくぐる
- ○ 手水舎では、残った水は柄杓を洗うように柄杓をたてる
- ○ 参道を歩くときは真ん中を歩かずに、左端のほうを歩く
- ○ 拝殿の前では中央に立たない
- ○ お賽銭の金額に決まりはなく、いくらでもよい
- ○ 尊い方が境内や社にいると思って参道を歩いたり、参拝をするようにする

6. 二拝二拍手一拝（にはい にはくしゅ いっぱい）

かるく一礼し、二拝は直立の姿勢から90度曲げます。両手を胸のあたりで右手を少しひいて二回、拍手をうちます。その後、あわせた両手を胸のあたりにおいて祈ります。それから手をおろし、最初にしたように一拝します。

神社での参拝の作法は、宇佐神宮、出雲大社、熊野神社では、四拍手。伊勢神宮では、八度拝八開手（やひらで・四拍手を2回繰り返す）が、正当とされています。こうした正当とされている二拝二拍手一拝は、神社本庁が戦後に定めたもので、回数にはとくに意味がないそうです。

神社でのマナーとして、目にはみえないけれども、尊い方が境内や社におられると思って参道を歩いたり、参拝をするようにしたら良いと思います。尊敬している先生を前にしたときにする礼儀作法と似たようなものです。そう思っていれば、境内でタバコを吸ったり、飲食したりは自然とできないのだとわかることでしょう。神社のなかには禁足地やお祓いをしてからでないと入れない場所もあります。神社ごとのルールも守って吉です。

7. 気をつけたい神社などの見分け方

例外はありますが、手入れがまったくなされていないような、荒れ果てた神社や仏閣。荒れていなくても、近くに寄るだけで、陰気な雰囲気を感じる神社や仏閣。

8. 聖地や良い土地や良い建物、また縁のある場所か否かをチェックする方法

良い場所でひざを伸ばして前屈をすると、ほかの場所よりもすんなりと体が曲がるのだそうです。自分にとって良い場所だと、体の筋肉がしなやかに強くなり、悪い場所だと、体が硬くなり、弱くもなるのだそうです。ぜひ、お試しください。また、神社では拝殿でつま先立ちをしてみると、縁のあるお社では前のめりになる感覚があるそうです。

9. 産土神社参拝　開運法

住んでいる家の近くの神社と、生まれた土地の神社に参拝されることをおすすめします。生まれた土地の神社のことを、産土神社といいます。産土神社は生死と生涯を共にする人との縁、人生を形作る土台を司るお社で、どんな神社よりも参拝すべき社だといわれています。

絶景 白根山湯釜
Shiranesan Yugama

[群馬県] エメラルドグリーンの湯釜

エメラルドグリーンの湯釜は映画の中のような世界!
湯釜と周囲の大自然の景観は、あなたの人生観を変える

温泉で有名な草津と志賀を結ぶ国道292号線の中間にある標高2,160mの活火山、白根山の山頂火口湖は湯釜となっており、最高の絶景ポイント。直径300m、水深30mの美しいエメラルドグリーンの火口湖が非現実的な魅力を醸し出す。この湯釜は世界一の酸性湖でpH1.0前後の濃度となっており、魚が住めないほどの酸性をほこる。また、底から湧き出す硫黄泉のため冬期でも凍結しない。湖面が覗ける釜のふちの展望台へは、遊歩道が整備されているので、是非足を運んでもらいたい。

白根火山ロープウェイ

草津方面から白根山方面へ登る白根火山ロープウェイがある。国道292号線はこのロープウェイの下を縫うようにして走っている。白根山頂付近の駐車場は満車時が多く、ロープウェイからの風景も素晴らしいので、普段乗る機会のないロープウェイを使うのも良い。

湯釜駐車場の入口。草津と志賀を結ぶ国道292号線を草津方面から来ると右折

駐車場からはゆっくり歩いても20～30分ほどで山頂の湯釜に到着する

逢ノ峰（あいのみね）

白根山は湯釜を中心に複数の峰が連なる連山帯。連山のひとつ逢ノ峰の頂上には展望台が整備されており、白馬三山や五竜岳、鹿島槍ヶ岳といった北アルプスの山々を展望できる。湯釜から国道を隔てた反対側に位置し、比較的短い距離と時間で登れる。

白根山湯釜は標高2,000m付近で、秋の紅葉はナナカマドの葉が真っ赤に色付く

白根山の看板。弓池や逢ノ峰、本白根山はトレッキングコースも整備されている

ワンポイントアドバイス

草津温泉から白根山までは、景色を堪能できるバスがおススメ。湯釜までの徒歩は、入り口にある無料の杖（ストック）を使おう。遊歩道を20分ほど歩くが傾斜がそれなりにあるので、女性はヒールではなくスニーカーで。夏の晴れの時は日差しも強いので日焼け止めを付けよう。

明治35年の白根山の噴火で出来た弓池。一面湿原で周りに木道が整備されている

連山草津白根山の複数あるピークのひとつ逢ノ峰の紅葉と弓池を一度に眺められる

白根山湯釜	ベストシーズン
	5月～10月 （春～初夏が散策にはおススメ）

お問い合わせ

白根火山ロープウェイ
Tel：0279-88-3439
片道：大人¥900　小学生¥450
往復：大人¥1500　小学生¥750
時間：9:00～16:20
（最終便、時期により異なる）
定休日：春・秋に20～30日間程度休業
群馬県吾妻郡草津町
草津白根国有林158林班

草津白根駐車場
二輪車¥200　乗用車¥500
冬期間中（11月中旬～翌年4月上旬）は閉鎖

草津白根レストハウス
湯釜の駐車場前にあるレストハウス。登山後の疲れた体に栄養を取り入れたい時は是非立ち寄りたい場所。シーズン中はファミリー連れやツアー客などが多い。
営業：9:00～16:00　定休日：11月中旬～4月中旬
Tel：0279-88-7373

アクセス 群馬県吾妻郡草津町上信越高原国立公園内
[車] 関越自動車道渋川・草津IC下車から草津まで60km [電車] JR上野駅から特急「草津」で長野原草津口駅下車、バス（白根火山行き）で約1時間、終点下車、徒歩15分

榛名神社
Haruna Jinja

[群馬県] 命を育む自然の神

自然の豊かさに芯から癒されるヒーリングスポット
内側からキレイになりたい方におすすめ!

「ここにいるとキレイになる!」そう思わせてくれる場所はなかなか無いが、榛名はまさに体の内側から美しくなれる自然の恵みあふれるパワースポットだ。風格ある随神門を入ると、本殿まで約700メートルの道のりだが、長さを感じさせない。それは門の中に入った途端に、自然の美しさに魅せられるからだ。木々の緑や参道の右手に流れる川は、ただ見た目に美しいだけでは無く、体の内側から自然の息吹を感じさせてくれる。見所は沢山あるが、見落としたり迷ったりする心配は無い。神社マニアだけが知るパワースポットは無く、全ての参拝客に榛名の自然の恵みは開かれている。それでも、ここだけは!という場所をお伝えするならば御水屋の付近。敷地内の湧き水で手や口を清める場所だが、約25メートルの落差がある瓶子(みすず)の瀧、矢立杉と呼ばれる武田信玄ゆかりの巨木、そして階段上の巨岩のエネルギーも降り注ぐなど、榛名のエッセンスが濃縮されている。ここの湧き水は、水晶などのお清めにも良い名水として知られる。さらに上に進むと、双龍門の鉾岩(ほこいわ)、本殿の背後にそびえ立つご神体の御姿岩(みすがたいわ)など、奇跡のような巨岩奇岩を目にすることになる。

お祭りされている神様

- 火産霊神（ほむすびのかみ）
- 埴山姫神（はにやまひめのかみ）

水分神（みくまりのかみ）、高龗神・闇龗神（たかおかみのかみ・くらおかみのかみ）
大山祇神（おおやまつみのかみ）、大物主神（おおものぬしのかみ）
木花開耶姫神（このはなさくやひめのかみ）も合わせ祭る。

赤城山・妙義山と共に上毛三山のひとつとされる榛名山の神を祭る。火産霊神はカグツチとも呼ばれる火の神、埴山姫神は土の神。また水の神である水分神や龗神、各地の山を統括する大山祇神なども合わせて祭られており、生命をはぐくむ山の力を全てカバーしている。

御利益ポイント

参拝の後には肌がしっとりツヤっとするなど、美容に良い影響がある。火と水、風と土。大自然の全ての要素を備えた癒しのパワーで、乾いた心にうるおいをもたらし、自分次第で変化する全ての願い事に好い影響を与える。

このパワースポットのマナー

榛名神社の神様は、実は家庭生活と非常に密接な関係にある。火の神や水の神は台所・風呂・防火の神であり、土の神である埴山姫はトイレの神様でもある。非日常の大自然の中で、日常生活に対する感謝の気持ちを伝えよう。

近くのおすすめスポット

榛名富士、榛名湖、伊香保温泉など、榛名神社の周辺には自然の恵みあふれる観光スポットがある。この辺りは水がおいしく、付近のお店での食事もおすすめ。群馬の山の幸は、食べているだけで体の内側から力が湧いてくる。

随神門。太々神楽という表札があり、ここを見上げる地点もパワースポット

みそぎ橋を渡り右手に洞穴が見え鞍掛岩の看板があるがここもパワー溢れる場所

矢立杉。武田信玄が榛名神社の参拝で、この杉の下に弓矢を置いたのが名前の由来

三重塔の手前の階段から良い気を発している。この塔の付近はかなり良い場所

瓶子の滝（みすずのたき）。御水屋の右手にある榛名の目玉である運気スポット

榛名神社のご神体である御姿岩は、社殿の裏に隠れて気がつきにくいので注意

榛名神社　参拝時間　約80分

おすすめ参拝順路
① 随神門
② 鞍掛岩
③ 千本杉（一帯に千本余りの杉）
④ 三重塔
⑤ 神橋
⑥ 瓶子の滝
⑦ 矢立杉
⑧ 神門を挟む巨岩
⑨ 双龍門・鉾岩
⑩ 社殿・御姿岩
⑪ 秋葉社

アクセス　群馬県高崎市榛名山町849
［車］関越道 高崎ICもしくは前橋ICから約1時間
［電車］JR高崎駅西口より、群馬バスで本郷経由榛名湖行き榛名神社前下車、徒歩15分

温泉と美味しいもので癒される群馬

美味

草津に来たらこのハンバーグ！

◆◆
どんぐり

[吾妻郡] 草津温泉湯畑から徒歩10分

草津温泉街から少し離れた静かな立地で営業する、かつて秋篠宮様も訪れたことがあるという洋食レストラン。数あるメニューのなかでも最も人気がある写真の「どんぐり風ハンバーグ（¥1,080)」は付け合わせの野菜も含めボリュームたっぷり。味の決め手となっているデミグラスソースには野菜がふんだんに使われており、その野菜たちの旨みが凝縮されている。意外にさっぱりした味わいのソースがチーズとハンバーグによく合っていて飽きずに堪能できる。「草津に来たらこのお店」と、何度も訪れる常連も多い。

DATA Tel：0279-88-7222　群馬県吾妻郡草津町草津562-16【営業時間】11:30～15:00（14:30までのご入店）17:30～21:00【定休日】水曜日　アクセス／草津温泉湯畑から徒歩10分

ライスではなくパン派という方にはこちら（¥210)

明るい照明が際立つ温かみのある木造の店内

爽やかな外観はライトアップされるとまた違った存在

◆◆
シュクル キッチン

[高崎市] 高崎インターから車で約20分

カレーと卵の絶妙ハーモニー！

オシャレでありつつもどこか洋風の大衆食堂を思わせるような店内は、店主自ら選曲した音楽が流れる居心地良い空間。このお店No.1の人気メニュー、オムレツがのったキーマカレーの「シュクルカレー」はサラダ・ドリンク付きで¥1,000。辛めのキーマカレーを楽しんだあと、トロトロでフワフワの半熟オムレツを混ぜ一緒に食べるとマイルドなアクセントが効きまた別のカレーに様変わり。ちなみに店名のシュクルは店主が敬愛するジャズミュージシャン、ファラオ・サンダースの曲から付けられた。

DATA Tel：027-333-5350　群馬県高崎市上並榎町271-5【営業時間】12:00～14:00（水～日）18:30～22:30【定休日】月曜日　火曜はディナーのみ営業　その他臨時休業あり　アクセス／高崎インターから車で約20分、北高崎駅から1,304m

シュクルランチ（¥1,100)はお肉料理メインのランチ

解放感ある白壁にテーブルとイスは温かみのある木製

外観はスタイリッシュでセンスの感じられる印象

白根山湯釜と榛名神社と共に行きたい美味4店舗！

対照的な食感がたまりません

◆◆ ティールーム ゆきうさぎ

[吾妻郡]草津温泉バスターミナルから1分

草津地域のカフェでおいしいと話題になっているこのお店のおススメは何と言っても手作りのふんわりスコーンと、しっとりカステラ、そして煮出して作る濃いミルクティーの3品。カステラは厳選したシンプルな素材を焼き上げたもので、甘さ控えめでありつつも食べ応えのあるふんわりしっとりとした味わい。スコーンはほんのり温かく、外側がサクッとしており、カステラとは違った食感でこちらもまた美味。写真のカステラ&スコーンは¥500。草津に立ち寄ったら是非足を運びたいティールームだ。

DATA Tel：0279-88-3345　群馬県吾妻郡草津町大字草津81【営業時間】10:00～17:00（L.O.16:30）【定休日】木曜日　アクセス／JR吾妻線長野原草津口駅からJRバス→草津温泉バスターミナルから1分、湯畑1分

通常より3倍の茶葉を使う特濃ミルクティー（¥600）

穏やかな時間の流れる、オシャレで落ち着いた雰囲気

小さな照明の下にあるうさぎのイラストも可愛らしい

◆◆ かやぶきの郷 薬師温泉 旅籠

[吾妻郡]JR吾妻線中之条駅より送迎バス

上州吾妻にある浅間隠山の山懐に抱かれた静かな一軒宿。空気も良く居心地抜群のこの郷では様々な温泉施設もあり、また囲炉裏を使用した美味料理も味わえる。右の写真は、温泉を堪能しつつ食事も楽しめる日帰りプラン「上州囲炉裏会席　湯遊プランDX　入浴パック¥6,200（税込）」のランチメニュー。地元農家の朝摘み野菜や上州地鶏など身体に優しいこだわりの食材を目の前の囲炉裏で焼いて食すことができる。食事後には旅の疲れで絶景露天風呂に入るも良し、そして宿泊施設なので泊まることももちろん可能。

DATA Tel：0279-69-2422　群馬県吾妻郡東吾妻町本宿3330-20　【営業時間（日帰りプラン）】10:00～16:00【チェックイン（宿泊プラン）】10:00（お部屋のご利用は15:00～）【定休日】なし　アクセス／JR吾妻線中之条駅より送迎バス

囲炉裏で焼くから美味しい

美味しい新潟産の岩魚を備長炭でその場で焼く

日帰りも利用できる滝を見ながらの絶景露天風呂

紅葉が素晴らしい、秋の薬師温泉旅籠の入口門

絶景　新潟県十日町市：棚田
Niigata-Ken Tokamachi-Shi : Tanada
［新潟県］古代日本の代表風景

時間が止まる、時代が止まる、心がほっこりおだやかになる
デジタルで感じるのは不可能な、美しい農村風景

山間部などの傾斜地に、階段状に作られた水田「棚田」を持つ十日町市。四季折々に美しく変わる、見事な自然と生き物、そしてこの棚田の農村景観が受け継がれ、「にほんの里100選」にも選ばれている。また、棚田は見事な風景を作り出しているだけではなく、汚れた水を地下に濾過し水や空気をきれいにする、大雨が降っても、棚田が水を溜め込んで洪水を起こさないようダムのような働きをする、土砂の流出や地滑りを防ぐ、といった素晴らしい役割も担っている。

たくさんある棚田

十日町市には、左の写真の星峠の棚田（松代地域）をはじめ、蒲生、儀明、慶地、狐塚、五十子平、黒倉、松之山、西之前、大白倉、猪之名、湯山、藤沢、留守原など多くの棚田があり、それぞれに違った棚田の美しさがある。まずは蒲生、星峠から行くのがおススメ。

マナーを守ろう

朝景のスポットで有名な蒲生の棚田は、特に多くの観光者やカメラマンが訪れる。写真を撮るときは、田んぼや畑には絶対に入らない、栽培されている野菜、山菜、山野草などは採取しないようになど、マナーを守ろう。もちろんゴミは各自持ち帰るようにしよう。

ワンポイントアドバイス

棚田は自然を愛する人々の生活そのもの。自然に感謝して、地元の人に会ったら是非挨拶をして言葉を交わしてみよう。きっといろんな地元ならではの話を聞くことができるはず。車は邪魔にならない所に駐車して、崩れやすい畦道に気をつけよう。棚田の地図や情報が記載された棚田マップも至る所で入手可能。

（上）棚田の中でカメラマンに一番人気の蒲生の棚田も是非チェックしよう。（中左）儀明の棚田（中右）十日町市珠川に一面のコスモスが咲き誇る。（下右）大白倉の棚田（下左）マップ・案内は道の駅観光案内所へ

新潟県十日町市：棚田

ベストシーズン
5月（田植え前）10月（稲刈り後）
この時期は棚田に水が張られるため水鏡が見られる

お問い合わせ
（一社）十日町市観光協会まつだい事務局
新潟県十日町市松代3252番地1
Tel：025-597-3000

松代・松之山温泉観光案内所
新潟県十日町市松代3816番地1
道の駅まつだいふるさと会館内
Tel：025-597-3442

アクセス
新潟県十日町市
アクセス／[車]関越自動車道 六日町I.C もしくは塩沢石打I.C下車、東京から約3時間（東京方面からはこちらがおすすめ）[電車]東京駅から上越新幹線で越後湯沢駅下車、北越急行ほくほく線でまつだい駅下車（約2時間）

弥彦神社
Yahiko Jinjya

パワースポット

［新潟県］勝利に導く神

新潟のパワースポットといえばココ！
勝負運をUPさせたいヒトにおすすめ

遠征中に熊野で倒れた神武天皇を覚醒させ、勝利に導いた神様を祭る弥彦神社は、精気みなぎる本格派のパワースポットだ。一の鳥居に向かう通りは、神社からの清らかでパワフルな風が吹く浄化の道。ここで心身を清々しくさせてから、鳥居をくぐる。さぁ参拝といきたい所だが、その前に祓戸（はらえど）神社に行こう。一の鳥居のすぐ後ろにある曲がりくねった森の道から外に出ると、通りの向かいにある。奥深い森に何本もの巨木がある隠れたパワースポットで、参拝客の罪・けがれを払い除くクリーンルームのような場所だ。一の鳥居からすぐにある橋の上は、川の水のエネルギーと参道のエネルギーが交差する縁結び系のパワースポット。緑深い参道を進み、かっこいい狛犬のいる門をくぐると、貫禄十分の拝殿に出会う。ここで祈りをささげパワーを充電した後、時間のある方は、弥彦山の頂上にある奥宮を参拝しよう。拝殿左奥から山頂へ向かうロープウェイへの無料バスが出ている。ロープウェイ山頂駅から奥宮へは徒歩10分と、気軽に行ける。帰る前には、狛犬の手前にある摂社・末社への参拝も忘れずに。8つの社がずらりと並ぶかなりのパワースポット。勝（すぐる）神社という勝負運に特化した神様もいる。

お祭りされている神様

・天香山命（アメノガゴヤマノミコト）

天照大神の曾孫にあたり、越後や尾張を開拓。子孫は三種の神器のひとつ草薙剣を祭る熱田神宮の神官になった。古事記では、高倉下（たかくらじ）という名で登場。出雲の国譲り神話で日本を平定した霊剣「布都御魂（ふつのみたま）」を、神武天皇に献上。この霊剣こそ石上神宮の神様であり、香取神宮の神様フツヌシである。

御利益ポイント

海から近い弥彦山は、海からの霧でしばしば覆われ、山と海のエネルギーを融合したパワーがある。エネルギーが融合すると、山幸彦が海神の力を借りて海幸彦との争いに勝ち、国王となったように、天下を取るほどのパワーがある。

このパワースポットのマナー

神社の参拝といえば、一般的には2礼2柏手1礼だが、弥彦神社は出雲大社や宇佐神宮と同様に、柏手を4回うつ。天皇陛下の魂の活力を高める鎮魂祭を年2回行なっており、皇室の安泰・繁栄を願う人は、こちらに感謝の意をお伝えするとよい。

近くのおすすめスポット

新潟の神社といえば、弥彦の他に新潟市中央区の白山神社が代表的だ。長岡市にある寺泊魚の市場通りは、メディアにもよく登場する観光名所。魚のアメ横とも言われ、2階の食堂は新鮮な海の幸を堪能できる人気スポットだ。

弥彦神社の境外末社となる祓戸神社。昔の本街道入り口となっていた場所にある

一の鳥居からすぐにある橋の上は、エネルギーが交差する縁結びのパワースポット

玉の橋は神様の渡る神聖な橋として建造され、人は決して渡ることはできない

火の玉石。この石を軽く感じて持ち上げられれば願いが成就すると言われている

拝殿。霊峰弥彦山の麓、樹齢400～500年の杉や欅に囲まれた深い杜に佇む

ロープウェイ山頂にある奥宮。祭神と妃神が仲良く祀られている縁結びの名所

弥彦神社	参拝時間
	約 120 分

おすすめ参拝順路
① 一の鳥居
② 祓戸神社
③ 玉の橋（を見る橋）
④ 火の玉石
⑤ 二の鳥居
⑥ 拝殿
⑦ ロープウェイ山麓駅
⑧ ロープウェイ山頂駅
⑨ 奥宮（弥彦山山頂）
⑩ 摂社・末社

アクセス 新潟県弥彦村弥彦 2887-2
[車] 北陸自動車道・三条燕ICより国道289号線経由 約30分
[電車] 上越新幹線・燕三条駅乗り換え、JR弥彦線 弥彦駅下車、徒歩15分

新潟のパワースポットで旨いものに出会う

美味

◆◆

峠の茶屋 蔵

[十日町市] ほくほく線 まつだい駅から車で10分

棚田に囲まれた地域にある、峠の茶屋ともいえる和食堂。こちらでは、某グルメ漫画でも紹介され伝説となった、牛肉の煮込みを是非食して欲しい。丹念に仕上げられた牛肉のとろける食感は言うまでもなく、上に乗った生卵を崩せば一層まろやかな味わい。そのほか、トマト味にチーズが乗った、豚角のチリソース煮はそのバランスが絶妙。また、米どころ新潟の米にたっぷりの具が乗った五目釜飯は、注文を受けてから炊き上げるため、事前の予約がベターだ。

ホロホロ牛肉の煮込み！

五目釜飯（¥1,380）は蓋つきでテーブルの上に

チーズのトッピングも。豚角チリソース煮（¥1,080）

遠方から車で来る方も多い。それだけの価値あり！

DATA Tel：025-597-3390　新潟県十日町市儀明217-1【営業時間】11:30～14:30 17:30～20:00【定休日】不定休（お問い合わせください）　アクセス／ほくほく線 まつだい駅、大島駅から車で10分、国道253号沿い

◆◆

由屋

[十日町市] JR飯山線土市駅徒歩10分

新潟のご当地そば、へぎそば。つなぎには海岸地域らしくふのりという海藻を使用、弾力ある食感と、つるっとした口当たりを特徴とする。注文するとまずは漬物が提供され、その田舎らしい味わいには思わずほっとする。へぎと呼ばれる木箱に盛り付けられたそばの姿はつやつやと美しく、ボリュームも十分。出汁の香るつゆにくぐらせてすすれば、行列の絶えない老舗の人気店であることにも思わず納得する。さくさくと香ばしい野菜天ぷらとの相性も格別だ。

盛り方も独特の一口サイズごと

サクサクで蕎麦とあう季節の野菜の天ぷら（¥700）

さっぱりとした大根のしそ漬けはサービスで提供される

駐車場はお店の前と、少し離れてもう一か所

DATA Tel：025-758-2077　新潟県十日町市土市第4【営業時間】10:30～19:00 (L.O.)【定休日】火曜日（祝日の場合営業）　アクセス／JR飯山線土市駅徒歩10分、国道117号線沿い

十日町市：棚田と弥彦神社と共に行きたい美味4店舗！

ふんわり卵と
シーフードの
組合せが最高

◆◆
柚子の花

[弥彦村] JR弥彦線 矢作駅より徒歩7分

弥彦神社参拝の後には弥彦村の人気カフェで腹ごしらえ。パスタをはじめとした洋食、ドリンク、そしてデザートがメニューに並ぶ。中でもおすすめは「シーフードと地中海野菜のオムライス（¥1,050）」。ふんわりとした卵が新鮮なシーフードと絡み合い、そこに深くコクのあるソースが口の中で混ぜ合わさる人気メニュー。混雑時はボードに名前を書いておけば呼び出してくれ、並ばずに入店することも可能。ランチタイムはミニサラダと、ドリンクが付いている。

ご飯プレート（¥1,100）には、いかメンチに鶏肉のレモン和え

紫いものモンブラン風パフェ（¥700）

まわりは緑に囲まれた爽やかで清潔な外観

DATA Tel: 0256-94-5835　新潟県西蒲原郡弥彦村矢作7338-2【営業時間】火曜11:00～16:30、水～金　11:00～19:00　土日11:00～21:00【定休日】月曜（ただし、月曜が祝日の場合はランチタイム11:00～16:30のみ営業）　アクセス／JR弥彦線 矢作駅より徒歩7分

◆◆
分水堂菓子舗

[弥彦村] JR弥彦線 弥彦駅より徒歩5分

弥彦に美味しい
パンダがいるらしい

日本全国ご当地おやつランキングでグランプリを受賞した、「白パンダ焼き弥彦むすめ（枝豆）餡（あん）」。弥彦娘とは、地元産の枝豆のこと。また、あんを包む皮は二種類あるが、やはりイチオシは白くもちもちした食感が特徴の白パンダ焼の二種類。白パンダ焼は枝豆あんのほか、小倉あんも販売されている。店頭には常に列ができており、並ぶのを躊躇するほどであるが、日本一のおやつパンダ焼きがどんどん焼かれていくのを見ていると、意外に早く購入に至ることが可能だ。

DATA Tel：0256-94-2282　新潟県西蒲原郡弥彦村弥彦1041-1【営業時間】9:00～16:00（材料なくなり次第終了）【定休日】水曜日（ただし、水曜が祝日の場合は翌木曜が休み）、また第3水、木曜日も休み　アクセス／JR弥彦線 弥彦駅より徒歩5分、北陸自動車道 三条燕ICより車で20分

子供に喜ばれそうな箱入りパンダ焼き（箱代別途¥30）

年季の入った鉄板。1日に1,000個以上焼くことも

パンダのイラストが目印の微笑ましい店構え

群馬の旅

湯釜と自然の恵みあふれる榛名神社へ

例えばこんなプラン！

1日目
前橋駅〜長野原駅　¥1,144
長野原駅〜草津温泉（バス）¥690
草津温泉〜白根山火口（バス）¥1,130
草津・白根　散策
草津　宿泊　¥7,000

2日目
草津温泉〜長野原駅（バス）¥690
長野原駅〜渋川駅　¥842
渋川駅〜榛名神社（バス）¥720（※1日フリーパス）
榛名神社〜榛名湖（バス）（※1日フリーパス）
榛名湖〜渋川駅（バス）（※1日フリーパス）
渋川駅〜前橋駅　¥324

合計 ¥12,540
（食費+自宅までの往復交通費は入っていません）

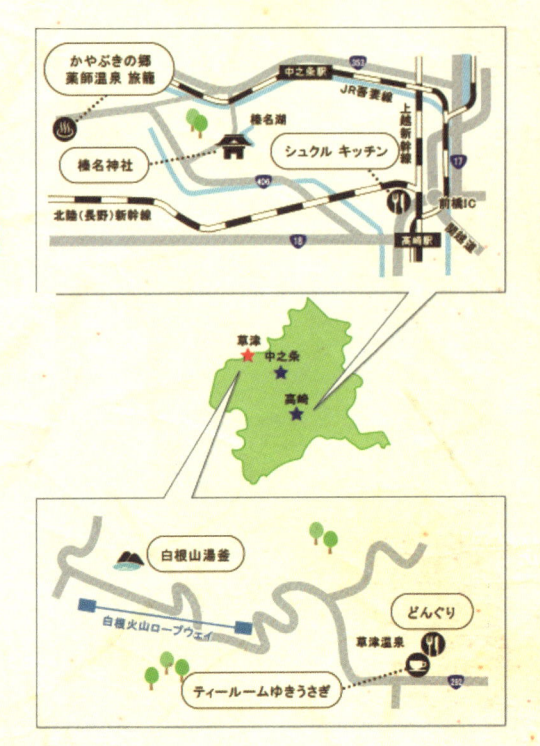

絶景

白根山湯釜 ▶ 榛名神社　群馬県吾妻郡草津町上信越高原国立公園内

🚃 **電車 & バス**
バスで約1時間、長野原草津口駅乗車、JR吾妻線高崎行き乗車、JR高崎駅西口より、群馬バスで本郷経由榛名湖行き榛名神社前下車、徒歩15分（所要時間2時間45分、料金 ¥1,144 [別途バス料金]）

🚗 **車**
日本ロマンチック街道から県道237号線へ。高崎市付近から県道33号線で榛名神社　到着（所要時間1時間44分、総距離 66.6km、料金 ¥1,050 [普通車] ETC ¥1,050）

パワースポット

榛名神社 ▶ 白根山湯釜　群馬県高崎市榛名山町849

🚃 **電車 & バス**
群馬バスで高崎駅行きバスで約1時間、JR高崎駅よりJR吾妻線乗車、長野原草津口駅下車、バス（白根火山行き）で約1時間（所要時間2時間45分、料金 ¥1,144 [別途バス料金]）

🚗 **車**
県道33号線で高崎市付近から県道28号線へ。日本ロマンチック街道で白根山頂の火口湖の湯釜付近　到着（所要時間1時間44分、総距離 66.6km、料金 ¥1,050 [普通車] ETC ¥1,050）

美味

どんぐり
Tel：0279-88-7222　群馬県吾妻郡草津町草津562-16【営業時間】11:30〜15:00（14:30までのご入店）17:30〜21:00【定休日】水曜　アクセス／草津温泉湯畑から徒歩10分

シュクル キッチン
Tel：027-333-5350　群馬県高崎市上並榎町271-5【営業時間】12:00〜14:00（水〜日）18:30〜22:30【定休日】月曜日　火曜はディナーのみ営業 その他臨時休業あり　アクセス／高崎インターから車で約20分、北高崎駅から1,304m

ティールーム ゆきうさぎ
Tel：0279-88-3345　群馬県吾妻郡草津町大字草津81【営業時間】10:00〜17:00（L.O.16:30）【定休日】木曜日　アクセス／JR吾妻線長野原草津口駅からJRバス→草津温泉バスターミナルから1分、湯畑1分

かやぶきの郷 薬師温泉 旅籠
Tel：0279-69-2422　群馬県吾妻郡東吾妻町本宿3330-20【営業時間（日帰りプラン）】10:00〜16:00【チェックイン（宿泊プラン）】10:00（お部屋のご利用は15:00〜）【定休日】なし　アクセス／JR吾妻線中之条駅より送迎バス

新潟の旅

美しい棚田と勝利に導く神を祭る弥彦神社へ

例えばこんなプラン！

1日目
新潟駅～まつだい駅　¥6,440
棚田・十日町 散策
十日町 宿泊　¥8,296

2日目
まつだい駅～弥彦駅　¥5,360
弥彦神社 散策
弥彦駅～新潟駅　¥760

合計　¥20,856
（食費＋自宅までの往復交通費は入っていません）

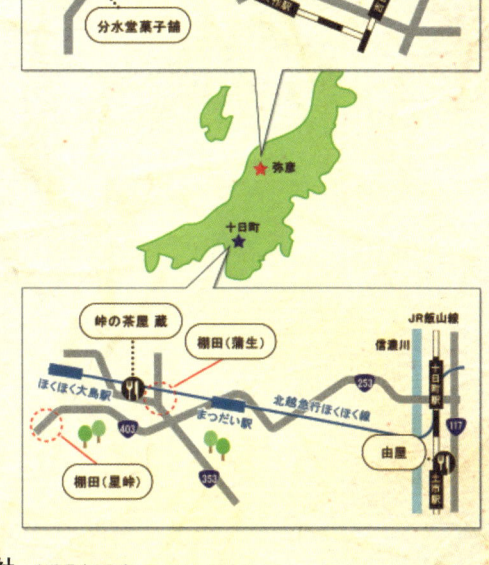

絶景　新潟県十日町市：棚田 ▶ 弥彦神社　新潟県十日町市

電車
十日町駅乗車、北越急行ほくほく線、越後湯沢で乗り換えJR新幹線 燕三条駅乗り換え、JR弥彦線 弥彦駅下車、徒歩15分（所要時間2時間55分、乗車券¥2,560 特別料金¥1,840）

車
県道327号線から国道117号線、県道83号線と進み、越後川口ICから関越自動車道へ。長岡JCTで北陸自動車道へ。三条燕ICで下車。国道289号線、国道289号線、県道2号線と進み弥彦神社 到着（所要時間1時間34分、総距離84.3km、料金¥1,520 [普通車] ETC ¥1,060）

パワースポット　弥彦神社 ▶ 新潟県十日町市：棚田　新潟県弥彦村弥彦2887-2

電車
弥彦駅乗車、JR弥彦線、燕三条駅で新幹線に乗り換え、越後湯沢駅で北越急行ほくほく線に乗り換え、十日町駅下車（所要時間2時間55分、乗車券¥2,560 特別料金¥1,840）

車
県道2号線から県道29号線国道289号線、国道289号線へと進み、三条燕ICで北陸自動車道へ。長岡JCT経由 関越自動車道へ。越後川口ICから国道83号線、国道117号線、国道327号線へと進み、十日町 到着（所要時間1時間34分、総距離84.3km、料金¥1,520 [普通車] ETC ¥1,060）

美味

峠の茶屋 蔵
Tel : 025-597-3390　新潟県十日町市儀明217-1 【営業時間】11:30～14:30 17:30～20:00 【定休日】不定休（お問い合わせください）　アクセス／ほくほく線 まつだい駅、大島駅から車で10分、国道253号沿い

分水堂菓子舗
Tel : 0256-94-2282　新潟県西蒲原郡弥彦村弥彦1041-1 【営業時間】9:00～16:00（材料なくなり次第終了）【定休日】水曜日（ただし、水曜日が祝日の場合は翌木曜日が休み）、また第3火、木曜日も休み　アクセス／弥彦線 弥彦駅より徒歩5分、北陸自動車道 三条燕ICより車で20分

柚子の花
Tel : 0256-94-5835　新潟県西蒲原郡弥彦村矢作7338-2【営業時間】火曜11:00～16:30、水～金　11:00～19:00　土日11:00～21:00【定休日】月曜（ただし、月曜が祝日の場合はランチタイム11:00～16:30のみ営業）アクセス／JR弥彦線 矢作駅より徒歩7分

由屋
Tel : 025-758-2077　新潟県十日町市土市第4【営業時間】10:30～19:00 (L.O.)【定休日】火曜日（祝日の場合営業）アクセス／JR飯山線土市駅徒歩10分、国道117号線沿い

珠洲岬
Suzumisaki

[石川県] 願いが叶う青の洞窟

絶景

聖域と呼ばれる最上級の秘境は
古代と現代の狭間で、地球の歴史を寡黙に物語る

日本の鬼門である東北をずっと守り続けてきたという珠洲岬は、北からの寒流、南からの暖流、大地の気流が波状的に集結する世界的にも稀な波動のスポットであり、「聖域の岬」という名称で日本三大パワースポットのひとつとされている。岬の絶壁に9.5mも突き出して作られたスリル満点の空中展望台からは日本海の風と絶景、そして幻想的な明かりを灯す「ランプの宿」の景観も楽しめる（上写真）。遊歩道から入ることができる「青の洞窟」は、大昔に法道という仙人が天へ登る為の修業をし強靭なパワーを習得した洞窟として知られ、訪れればどんな夢も希望も叶うと言われている。

空中展望台「スカイバード」は夜になると足元まで美しくライトアップされる

冬期は雪が積もれば、ランプの宿の屋根も真っ白に。雪を照らす灯りも幻想的

ランプの宿に宿泊し、洞窟探検ツアーへ。
透明のカヌーに乗り海の底を眺めながら散策

期間限定で舟でしか行けなかった青の洞窟
は、横穴を開通させ道が完成された

パワーホール

珠洲岬にはパワーホールと呼ばれる大穴がいくつもある。溝に入り込んだ小さな石などによっておよそ500万年もの時間をかけて作り出されたというその自然の産物は、大きいものでは直径約7m、水深約8mにもなる。外海と隔てた岩場に突如ある神秘の光景である。

水の値段の神秘

岬から見る鮮やかなエメラルドグリーンは、時間さえも忘れてしまうほどの透明感を持つ。この聖域で汲んだ水は腐ることはないと言われ、120年前の「聖域の水」の価格は一升瓶1本で1億2千万円という噂まである。なぜ腐らないのか、理由は未だに解明されていない。

ワンポイントアドバイス

この聖域にあるランプの宿はおススメ。この宿泊者のみを対象とした、透明のカヌー体験では、海側からの洞窟散策が出来る。全てが透明なので、透き通った海底を眺められ、まるで大自然と一体化するような不思議な感覚が味わえる。早めに予約しよう。

神秘のパワーホール。水温は海水より約5度前後あたたかい

珠洲岬

ベストシーズン
4月下旬〜10月
（※通年営業）

お問い合わせ
聖域の岬 青の洞窟
（珠洲岬&ランプの宿）
石川県珠洲市三崎町寺家10-11
霞ヶ浦温泉 ランプの宿
Tel 0768-86-8000
▶ 空中展望台入場料
大人（中・高）¥500 子供 ¥100
青の洞窟
大人（中・高）¥1,200 子供 ¥340

アクセス
石川県珠洲市
三崎町寺家10-11
[車] 北陸道金沢東IC下車。能登有料道路経由珠洲道路、金沢より約3時間 [空路] 羽田空港発、里山空港着（約60分）、空港よりふるさとタクシーで80分 [電車・バス] 金沢駅東口から北鉄交通バス 珠洲鉢ケ崎行き乗車、珠洲鉢ケ崎下車。車で15分。

白山比咩神社
Shirayamahime Jinja

［石川県］清浄なる白き山の女神

澄みわたる雪と水の聖地
透明な光をただ無心に感じたい方におすすめ

富士山、立山と並ぶ日本三名山の白山。その白山信仰の中心地が、全国に約3,000社ある白山神社の総本山、ここ白山比咩（しらやまひめ）神社だ。表参道、北参道、南参道と3つのルート・駐車場があり、最も利用されているのは北参道。白山といえば水（と酒）だが、北参道鳥居手前のお土産屋さんで、地元の酒蔵が製造した白山の伏流水「白山新水」が購入できる。鳥居をくぐってすぐの左手では、白山霊水が蛇口から無料で自由にくめる。これは境内の地下からくみ上げた白山の伏流水で、遠方からいただきに来る人もいる。見所が多いのは表参道。入り口の一の鳥居から本殿までの樹木におおわれた約250メートルの道は、左手に清らかな小川が流れ、進めば進むほど透明な世界へ入って行く。表参道の中程にある琵琶滝と呼ばれる滝は、特に清浄なエネルギー。二の鳥居手前にある樹齢約800年と言われるご神木の杉は、そばにいるだけでみるみる力がみなぎってくる。二の鳥居から階段を上がると、杜の大ケヤキが目をひく。その奥の荒御前神社を参拝し神門を入ると、美しい拝殿が。静かに参拝していると、いつまでもここに居たいと感じさせる調和がある。神門を入って右側の白山奥宮遥拝所はパワースポットとして人気の場所。忘れずに参拝しよう。

お祭りされている神様

- 菊理媛尊（ククリヒメノミコト）
- 伊弉諾尊（イザナギノミコト）
- 伊弉冉尊（イザナミノミコト）

ククリヒメは白山の神とされる女神。日本書紀の一書にて、日本の国土を生んだイザナギとイザナミの夫婦喧嘩をおさめた逸話から、「ククリ」は物事を「くくってまとめる」ことを意味する。また死者となったイザナミと生者イザナギの間を仲介したことから、死者の霊と交信するイタコの先祖ともされる。

御利益ポイント

物事を「くくってまとめる」、すなわち縁結びの御利益がある。縁結びといっても上記の逸話のように仲介や仲裁、仲直りといった、既にあるご縁をより良く結び直す神であり、夫婦や親子、恋人、職場、仲間などで参拝すると良い。

樹木が並ぶ表参道の中ほどにある滝。清冽な谷水を手取川に注いでいる

表参道手水舎前にある、樹齢およそ800年の御神木には注連縄が掛けられている

このパワースポットのマナー

自分個人の利益を願うのでは無く、他者との共通の利益をお願いするのに適している。また白山霊水は無料で自由にくめるとはいえ、あくまで白山の神様からのお恵みであり、くみに来た者同士お互いにゆずり合いながら、神恩への感謝の気持ちを持って頂こう。

境内神門前にある堂々とした大ケヤキ。推定樹齢1,000年の市指定天然記念物

外拝殿。元は大正9年に建てられた旧拝殿で、昭和57年の増改築で現在の形に

近くのおすすめスポット

北参道鳥居手前のお土産さん隣にある河濯尊大権現社は、難病平癒を願う方が来られる。菊姫、手取川、天狗舞、萬歳楽など白山の伏流水でつくられた美酒を飲む良い機会でもあり、神社の近く鶴来の町に、菊姫と萬歳楽の蔵元がある。

白山奥宮遥拝所は山頂の奥宮を拝む遥拝所。パワースポットとして人気の場所

荒御前大神、日吉大神、高日大神、五味島大神の4柱が祀られている荒御前神社

白山比咩神社	参拝時間
	約45分

おすすめ参拝順路

（表参道駐車場より）
① 一の鳥居
② 琵琶滝
③ 二の鳥居前のご神木
④ 大ケヤキ
⑤ 荒御前神社
⑥ 神門
⑦ 拝殿・本殿
⑧ 白山奥宮遥拝所

アクセス 石川県白山市三宮町二105-1

[車] 北陸自動車道 美川ICを下りたら直進、国道157号線（T字交差点）を右折。標識に従って約20分 [電車・バス] JR金沢駅から北陸本線 普通列車でJR西金沢駅へ。北陸鉄道石川線 新西金沢駅から終点鶴来駅へ。加賀白山バス「瀬女行き」を利用。バス停「一の宮」下車。表参道まで徒歩5分。

目と舌、そして、心で味わえる石川

美味

◆◆
ランプの宿

[珠洲市] 珠洲岬と隣接

能登半島最北端に位置する絶景の温泉宿。聖域の岬という同地は日本三大パワースポットのひとつとされ「大地の気」と「暖流の気」「寒流の気」が融合していると言われている。絶景温泉宿のもうひとつの楽しみはなんと言っても季節を味わう旬の特別料理。11月〜2月末までの冬の季節にだけ味わえるズワイガニ料理はまさに絶品。料理長が厳選したカニだけを使った最高級「ズワイガニ料理コース」は宿泊料金にプラス¥10,000〜。カニの刺身・しゃぶしゃぶ・蒸し蟹焼き蟹と贅を尽くした蟹づくしの料理は圧巻。冬の季節以外は魚介類を中心とした懐石料理が提供される。

DATA Tel：0768-86-8000　石川県珠洲市三崎町寺家10-11【営業時間】チェックイン15:00【定休日】無休　アクセス／のと里山空港からふるさとタクシーで約80分

絶景と共に絶品カニ料理を

海鮮の町ならではの新鮮な刺身のみが提供される

旅館名であるランプが置かれた絶景ポイント

洞窟風呂から見る絶景。時が止まるほどの美しさ

◆◆
犀与亭

[白山市] 松任駅より徒歩7分

創業明治14年の老舗すきやき店。熟練仲居のもてなしでいただく絶品のすき焼は、少なめの割り下で調理された金沢独自のスタイル。気軽にいただきたいランチタイムのおすすめは、すき焼きの全ての具材を入れ、卵でとじた牛肉煮込み鍋¥1,250〜¥2,150（小中大のサイズによる）。季節の野菜や加賀の生麩などが添えられて供され、すきやき鍋と共にプラス¥450でご飯、お味噌汁もつけられる。創業は肉屋で現在も販売店が併設されているといったこともあってか、トップレベルの肉の質と味を提供し、他店舗とは違った圧倒的な存在感を出している。

DATA Tel：076-276-0010　石川県白山市辰巳町69【営業時間】11:00〜21:30（入店は20:30まで）【定休日】木曜　アクセス／JR北陸本線松任駅より徒歩7分

肉汁が溶け出す絶品牛煮込み！

肉の種類は松・竹・梅あり。すき焼き¥3,200〜¥5,700

掛け軸もある赤い壁の個室は古都石川を彷彿とさせる

門をくぐればタイムスリップ！歴史を感じる門構え

珠洲岬と白山比咩神社と共に行きたい美味3店舗!

白山の自然を贅沢に食す!

◆◇ 和田屋

[白山市] 白山比咩神社より徒歩10分

白山さんと呼ばれて親しまれる白山比咩神社境内のほど近く、緑の中にひっそりと佇む江戸慶応創業の老舗宿、和田屋。すべての客室に囲炉裏があり、四季折々の山菜や川魚の鮎、脂の乗ったジビエ肉(野生の鳥獣)など、白山の自然を生かした絶品料理が提供される。お造り、煮物、焼き物、揚げ物、酢の物、その全てを堪能すれば白山麓は美味しい食材に恵まれていると実感するだろう。敷居の高さを感じるかもしれないが、ランチタイムであれば季節のミニ会席が¥3,500、お昼の会席が¥5,500からととてもリーズナブル。宿泊も含め検討して欲しい。

DATA Tel:076-272-0570 石川県白山市三宮町イ55-2【営業時間】11:15~15:00 (L.O. 14:00) 17:00~21:00 (L.O. 20:30)【定休日】第2、第4火曜日 (12月~3月は毎週火曜日が休み) アクセス/北陸鉄道石川線 鶴来駅より車で5分、北陸自動車道 金沢西I.C.と小松I.C.より車で30分、美川I.C.より車で25分

鮎の塩焼き¥800。夏以外はイワナの塩焼きになる

庭を眺めながらの食事は、この上ない貴重な時間

風格ある門構え。のれんをくぐれば最上のおもてなし

絶景 高ボッチ高原
Takabocchi-Kogen

［長野県］ダイダラボッチが腰を下ろした聖地

この絶大なロケーションは圧巻の迫力！
諏訪湖全体を眺められるスポットは唯一ここだけ

高ボッチ（たかぼっち）という不思議な名称は、はるか昔に国づくりの神様と言われる巨人ダイダラボッチが腰を下ろし休んだという言い伝えからきている。標高1665mの山頂からは八ヶ岳、乗鞍岳、北アルプス、南アルプスなどの山々が見事に見渡せるが、最も人気があるのは日の出前の諏訪湖と街、そして富士山とのコラボ絶景（上写真）。さらに雲海が発生していれば、まるで白い海の底に街が沈んでいるかのような幻想的な光景も堪能できるが、全てが揃った光景を目にできるのは極稀であり運次第。「そう簡単に最高の景色を見せてくれないだけに何度も通ってしまう」と繰り返し訪れる常連も多い。

撮影スポット

定番のスポットは高ボッチスカイライン沿いにある高ボッチ牧場付近。数箇所ある駐車場によっては、車から出た途端すぐに絶景を見渡せる。なかでもおすすめなのは一番見晴らしの良い高ボッチ山の山頂。運次第だが、諏訪湖越しの富士山の眺望が特に人気である。

時間帯によって変わる

日の出前は条件が揃えば雲海が広がる神秘的な姿（写真下）、昼間は超開放的な山々の全景、夕刻は情緒あふれるオレンジ色と富士山のシルエット、そして宵闇が訪れれば、色とりどりのライトが諏訪湖全体を取り囲む夜景、見上げれば満点の星空も。

ワンポイントアドバイス

遠く離れた富士山を眺望するためには、やはり富士山周辺の天気も重要。また、水蒸気が少ない澄んだ空気の時のみしか綺麗には見えない。ちなみに高ボッチ高原に至る市道「高ボッチ線」「権兵衛峠旧国道線」は積雪や路面凍結等が発生するため冬期閉鎖となる。

日本有数の花火大会である、諏訪湖花火大会の一番の特等席は間違いなく高ボッチ高原

毎年6月にはレンゲツツジが赤く咲き誇る

朝焼けの雲海を拝められることができれば、かなりの幸運

高ボッチ高原	ベストシーズン
	4月下旬～11月 (春～初夏が散策にはおすすめ)

お問い合わせ
塩尻市役所
（塩尻市観光課観光振興係）
長野県塩尻市大門七番町3番3号
Tel：0263-52-0280

松本市役所
長野県松本市丸の内3番7号
Tel：0263-34-3000

アクセス
長野県塩尻市片丘
アクセス／[車]長野自動車道 塩尻IC下車、国道20号を岡谷・諏訪方面へ、案内板にしたがって左折約30分

戸隠神社
Togakushi Jinja

[長野県] ここは天の岩戸。全ての運を開く場所

パワースポット

天岩戸開きで活躍した神々を祭る自然のワンダーランド
杉並木の参道を歩けば、また行きたくなること間違い無し!

日本神話「天岩戸開き」にて、天岩戸に引きこもったアマテラスにお出まし願うために、岩戸を開いてこの戸隠の地へ放り投げた怪力の神様を祭ったのが戸隠神社の始まりである。奥社（本社）、九頭龍社、中社、火之御子社、宝光社と戸隠神社には五つの社がある。戸隠は自然の力、木々と水の力が素晴らしい。特に奥社参道の巨大な杉並木は、全身が山の懐に抱かれているような柔らかな安心感と爽快感に包まれ、さながら自然の酸素カプセルだ。杉並木の先は登山のような坂道で、途中左手にある飯縄社は、穏やかで高貴な風のエネルギーに満ちた場所。奥社のすぐ下にある手水舎右手の小さな滝は、八水神なる神を祭る浄化スポットだ。社務所前の踊り場は、周りの山々や岩、九頭龍社、奥社、八水神からのエネルギーが集中している。中社のおみくじはおすすめ。社務所で申し込むと年齢を聞かれて、祈祷が行なわれる。すると本殿から神のエネルギーが吹いてくる。おみくじは知恵の神様が示す日常の指標なので持ち帰ること。274段の階段を上る宝光社は、無理せず左手の女道コースで行くと良い。火之御子社は五社の中で、最も小さいが最も神社らしい神社だ。中社と火之御子社と宝光社の間は、神道（かんみち）という穏やかなエネルギーの林間道で結ばれており、歩いていると心が落ち着く。

お祭りされている神様

- 天手力雄命（アメノタヂカラオノミコト）
- 九頭龍大神（クズリュウオオカミ）
- 天八意思兼命（アメノヤゴコロオモイカネノミコト）
- 天鈿女命（アメノウズメノミコト）
- 天表春命（アメノウワハルノミコト）

天手力雄命は奥社に祭られる腕力の神様、九頭龍大神は戸隠の土地古来の神様で九頭龍社に祭られる。中社の天八意思兼命は知恵の神様、火之御子社の天鈿女命は芸能の神様、そして天表春命は宝光社に祭られ女性・子どもや開拓者を守護する神様だ。

御利益ポイント

五社を全て廻ると総合的な開運になる。天八意思兼命は知力でアイデアや計画をつくり、天鈿女命は表現力で他の興味・関心をひき、天手力雄命は力強く実行する。九頭龍大神は物事の流れや縁をつなげて諸々の力を連携させ、天表春命はあなたを災厄から護る。

吉永小百合さんのCMでも有名な、奥社への杉並木（樹齢400年）の参道

背後の戸隠山パワーもすごい奥社本殿。方々から気が集まるポイント

このパワースポットのマナー

マナーとして木は傷つけないようにそっと触ることを心がけよう。奥社参道の大きな杉はウェハースのような繊細な触感をしている。触れるか触れないかくらいのソフトなタッチは、傷つけないだけでなく、木のエネルギーとの交流を促す。また雪国長野の冬は雪が積もるのでスノーシューズが必要だ。

奥社すぐ下の九頭龍社は、岩窟に封じた龍神を祭る戸隠最古の神社

沈着冷静な知恵の神様を祭る中社の御社殿。この場所は心が落ち着くスポット

近くのおすすめスポット

戸隠といえば蕎麦が有名だが、美味しいだけでなく力が湧いてくる。蕎麦だけでなく山菜など山の幸は食べると元気になり、戸隠がパワースポットであることを肉体で実感できる。九頭龍大神が棲むとされる鏡池は、戸隠連峰の山々を水面に映し出す美しく神秘的な場所だ。

キラキラした澄んだエネルギーの火之御子社。ご神木が素晴らしいのでチェック

宝光社。最も麓にあり、ご祭神も"春"だけに最初に参拝する人も多い場所

戸隠神社	参拝時間
	約240分

おすすめ参拝順路

① 奥社参道入口
② 随神門
③ 奥社参道杉並木
④ 九頭龍社
⑤ 奥社
（車・バスで移動）
⑥ 宝光社
⑦ 火之御子社
⑧ 三本杉
⑨ 中社

アクセス 長野県長野市戸隠3690（戸隠神社奥社）
［車］上信越自動車道 信濃町ICから国道18号を長野市街地方向に進み約30分

名物を味わい、歴史を食す長野

戸隠に来たなら
うずら家

◆◆ うずら家

[長野市] 戸隠神社から徒歩5分

信州の美味といえばとにかく蕎麦。中でもボッチ盛と呼ばれ、食べやすい量の塊のままでざるに盛り付ける方法を特徴とする、戸隠蕎麦の名店がこちら。この地ならではの美味しい水で作られたざるそば（¥880）は、コシ、のど越し、風味どれをとっても最高の一品。おなかに余裕のある方は天ぷらが美味いことでも有名なので、天ぷら盛り合わせ（¥900）や、蕎麦粉を使った昔ながらの料理である、そばがきなども注文してみてはいかがだろうか。戸隠神社のすぐそばなので、参拝前後には寄って欲しいお店。

わさび、味噌、きなこで食す、そばがき（¥1,200）

香り高い新そばの味を出すため、店内で石臼を挽く

店内の座敷席は広々しており大人数の収容も可能

DATA Tel：026-254-2219　長野県長野市戸隠3229【営業時間】10:30～16:00（売切れ次第閉店）【定休日】水曜日（祝日の場合は前日）、夏季に定休、冬季に連休あり　アクセス／長野駅から川中島バス（戸隠高原行）で約1時間「中社宮前」下車すぐ

◆◆ カフェ深山

[塩尻市] 奈良井駅より徒歩5分

100年前のレシピを忠実に再現し、5日間かけて仕込んだ看板メニュー、100年前のライスカレー（¥880）。明治36年の「家庭之友（1巻5号）」に掲載されたレシピを忠実に再現した人気メニュー。タマネギを飴色になるまで煮込み、オリジナルスパイスや野菜、牛肉を投入し、野菜や牛肉の原型がわからなくなるまでコトコト煮込まれたカレーは、さほど辛さは目立たないが、とてもやさしい、深みとコクに溢れた家庭では再現出来ない逸品に仕上がっている。

100年前のレシピを再現！

DATA Tel：0264-34-2500　長野県塩尻市奈良井837-101【営業時間】10:00～16:30（早く閉める場合あり）【定休日】不定休　アクセス／JR中央本線奈良井駅より徒歩5分、道の駅 奈良井木曽の大橋 駐車場すぐ横

えごまだれおはぎは抹茶と季節の小皿付き（¥600）

信州産の材木を贅沢に使用した古民家のような店内

開放感あふれるテラス席ならペット同伴も可

高ボッチ高原と戸隠神社と共に行きたい美味4店舗!

これぞ最高級の和甘味

◆◆
松屋茶房

[塩尻市] 奈良井駅より徒歩3分

長野で是非行って欲しい甘味処がこちら。約200年前の江戸時代の木曽漆器（長野県塩尻市に伝わる漆器）で供されるお餅入りぜんざい（¥700）は程よい甘みが口の中に広がり旅路の疲れを癒してくれるだろう。セットで付いてくる煎茶と自家製漬物との相性もバッチリ。随所にこだわりを感じることが出来るお店で、煎茶椀、漬物皿も蔵出しの年代物でこちらも江戸時代末期のもの。小ぢんまりとした趣きある二階建ての建物の佇まいの軒先にはランプと赤い蛇の目傘が開かれ目印となっている。

白玉、果物など入ったクリームあんみつ（¥600）
苦みが少ないまろやかな抹茶（¥500）は羊羹付き
店舗は江戸時代末期に建てられた伝統的建造物

DATA Tel：0264-34-3105　長野県塩尻市奈良井583【営業時間】9:00〜17:00【定休日】不定休　アクセス／長野自動車道 塩尻ICより車で35分、JR中央線 奈良井駅より徒歩3分

◆◆
藤田九衛門商店

[長野市] 善光寺下駅 徒歩7分

海なしの県である長野信州の貴重なタンパク源のひとつとして食されてきた川魚。その中でも佐久平を名産地とする鯉は長らくハレの日の食材として愛されてきた。こちらはその鯉を模した、鯛焼き（たいやき）ならぬ鯉焼き（こいやき）のお店。愛らしい姿のみならず味わいもまた上品。プレーン鯉焼（¥190）、虎竹炭入りの佐久鯉（¥190）、白花豆こし餡の錦鯉（¥230）、毎月変わる季節の鯉焼（¥210）の4種類。店内で供される抹茶と共にいただけば、散策の疲れも旅の味わいに変わること間違いない。

鯛じゃないよ鯉焼きだよ

DATA Tel：026-219-2293　長野県長野市東之門町400-2【営業時間】6:30〜売り切れ次第終了 冬季7:00〜売り切れ次第終了（12、1、2月）【定休日】月曜日（祝日の場合は翌火曜日）アクセス／長野電鉄長野線 善光寺下駅 善光寺口 徒歩7分

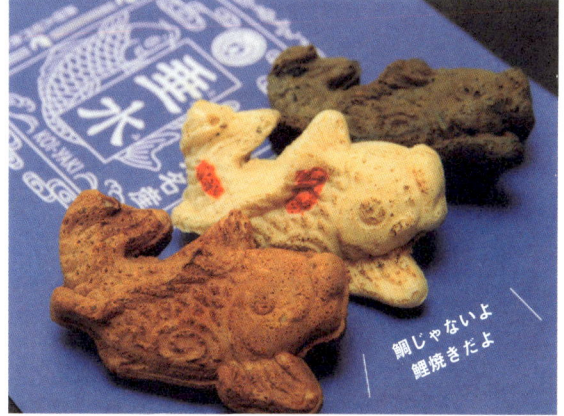

プレーン鯉焼（¥190）白花豆こし餡の錦鯉（¥230）
店内はしっとりとした風情あふれる和の空間 
「垂水」の青いのれんがかかる古民家風の店舗

石川の旅

聖域の岬と
日本三名山の
白山比咩神社へ

例えばこんなプラン！

1日目

レンタカー　¥9,180
金沢市内〜ランプの宿（一般道）
珠洲岬　散策
空中展望台　¥500
ランプの宿　宿泊　¥18,000

2日目

ランプの宿〜白山比咩神社（一般道）
白山比咩神社　散策
白山比咩神社〜金沢市内（一般道）

合計　¥27,680

(食費+自宅までの往復交通費は入っていません)

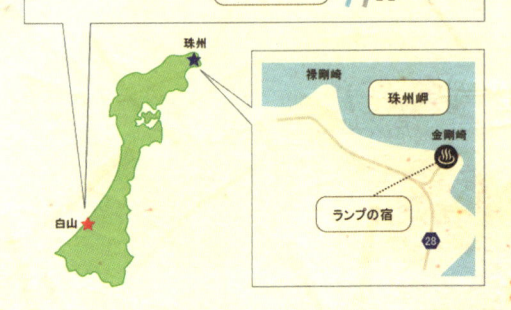

絶景　珠洲岬 ▶ 白山比咩神社　石川県珠洲市三崎町寺家10-11

電車＆バス
タクシーで15分。珠洲鉢ヶ崎から北鉄交通バス乗車、金沢駅下車。北陸鉄道石川線で鶴来駅下車。加賀白山バス「瀬女行き」を利用。バス停「一の宮」下車。表参道まで徒歩5分。（所要時間：3時間55分　料金 ¥3,350）

車
県道28号線→県道287号線→県道12号線→国道249号線→国道249号線→県道26号線→県道288号線→県道57号と進み、能登空港I.Cで能越自動車道へ。徳田大津JCT経由、のと里山海道（無料区間）、今町付近から山側環状線→県道45号線→県道103号線と進み、白山比咩神社 到着（所要時間 3時間39分、総距離 173.1km、料金 ¥0）

パワースポット　白山比咩神社 ▶ 珠洲岬　石川県白山市三宮町ニ105-1

電車＆バス
徒歩5分、一の宮バス停から加賀市山バス乗車、鶴来駅へ。北陸鉄道石川線で金沢駅下車。金沢駅東口から北鉄交通バス　珠洲鉢ヶ崎行き乗車、珠洲鉢ヶ崎下車。タクシーで15分。（所要時間：3時間55分　料金 ¥3,350）

車
県道103号線から県道45号線山側環状→津幡バイパス→県道303号線→県道57号線→県道26号線→国道249号線→県道12号線→県道287号線→県道28号線と進み→ランプの宿 到着（所要時間 3時間39分、総距離 173.1km、料金 ¥0）

美味

ランプの宿
Tel：0768-86-8000　石川県珠洲市三崎町寺家10-11　【営業時間】チェックイン15:00【定休日】無休　アクセス／のと里山空港からふるさとタクシーで約80分

犀与亭
Tel：076-276-0010　石川県白山市辰巳町69【営業時間】11:00〜21:30（入店は20:30まで）【定休日】木曜　アクセス／JR北陸本線松任駅より徒歩7分

和田屋
Tel：076-272-0570　石川県白山市三宮町イ55-2【営業時間】11:15〜15:00 (L.O. 14:00) 17:00〜21:00 (L.O. 20:30)【定休日】第2、第4火曜日（12月〜3月は毎週火曜日が休み）　アクセス／北陸鉄道石川線 鶴来駅より車で5分、北陸自動車道 金沢西I.C.と小松I.C.より車で30分、美川I.C.より車で25分

長野の旅

絶景高ボッチと
天岩戸開きの
戸隠神社へ

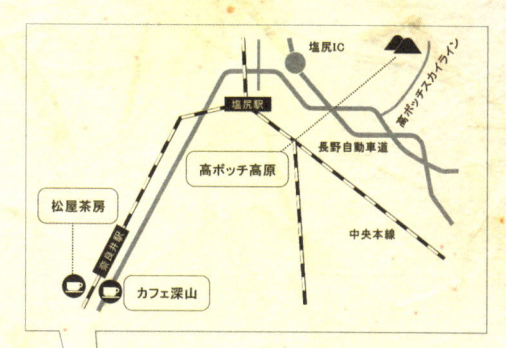

例えばこんなプラン！

1日目
レンタカー　¥9,180
松本市内　散策
松本市内〜高ボッチ　¥560
高ボッチ〜長野市内　¥2,050
長野市内　宿泊　¥6,500

2日目
長野市〜戸隠神社（一般道）
戸隠神社〜松本市内　¥1,650

合計　¥19,940
（食費＋自宅までの往復交通費は入っていません）

絶景　高ボッチ高原 ▶ 戸隠神社　　長野県塩尻市片丘

🚗 車
高ボッチスカイラインから塩尻市付近で中山道、塩尻ICから長野自動車道。更埴ICで上信越自動車道へ。長野IC下車、県道35号線、国道406号線、県道37号線と進み、富田付近で戸隠バードライン、戸隠神社 到着（所要時間 2時間24分、総距離 115.7km、料金 ¥2,050 [普通車]、ETC ¥1,440）

パワースポット　戸隠神社 ▶ 高ボッチ高原　　長野県長野市戸隠 3690（戸隠神社奥社）

🚗 車
県道36号線から戸隠バードライン、県道37号線、国道406号線、県道399号線と進み、長野ICで上信越自動車道へ。更埴JCT経由、長野自動車道、塩尻IC下車。国道20号線、高ボッチスカイラインで高ボッチ高原 到着（所要時間 2時間24分、総距離 115.7km、料金 ¥2,050 [普通車]、ETC ¥1,440）

美味　うずら家
Tel：026-254-2219　長野県長野市戸隠 3229【営業時間】10:30〜16:00（売切れ次第閉店）【定休日】水曜日（祝日の場合は前日）、夏季に定休、冬季に連休あり　アクセス／長野駅から川中島バス（戸隠高原行）で約1時間「中社宮前」下車すぐ

松屋茶房
Tel：0264-34-3105　長野県塩尻市奈良井 583【営業時間】9:00〜17:00【定休日】不定休　アクセス／長野自動車道 塩尻IC より車で35分、JR中央線 奈良井駅より徒歩3分

カフェ深山
Tel：0264-34-2500　長野県塩尻市奈良井 837-101【営業時間】10:00〜16:30（早く閉める場合あり）【定休日】不定休　アクセス／JR中央本線 奈良井駅より徒歩5分、道の駅 奈良井木曽の大橋 駐車場すぐ横

藤田九衛門商店
Tel：026-219-2293　長野県長野市東之門町 400-2【営業時間】6:30〜売り切れ次第終了　冬季 7:00〜売り切れ次第終了（12、1、2月）【定休日】月曜日（祝日の場合は翌火曜日）アクセス／長野電鉄長野線 善光寺下駅 善光寺口 徒歩7分

column 神社と寺の違い

　神社と寺院の大きな違いをふたつあげてみます。神社は神道系の神さまや神さまに昇華されたとされる者を祀り、神職が祝詞を奏上し、巫女は神さまのために神楽を舞ったりなどして神事をしておりますし、寺院は仏教系の神仏をお祀りし、僧侶と尼などがお経をあげ、仏事をしております。もうひとつは、寺院は信仰を布教させていく拠点であるところでもあり、神社は信仰の布教ができないところであるということです。1882年の神官教導職分離令によって神職の布教活動が原則禁止されたためです。

　神職や巫女がいない無人の神社も多いのですが、神さまのお祭りにはほかの神社から神職が派遣されて、氏子（共同の祖先神や共通の氏神をまつる人々、氏神が守護する地域に住む人々のこと）をはじめとして、氏子でない人たちも集まってお祭りをします。神社と寺院の建物も似ていますが、神社には鳥居、鈴、千木（ちぎ）、鰹魚木（かつおぎ）、しめ縄があり、ご神体は秘匿されています。寺院には、鐘、お墓、仏像などがあります。

　神社では二拝二拍手一拝が基本で、寺院では合掌して参拝します。日本の仏教は神道や儒教、道教などの教えと融合し、日本独自のものとして新たな発展を遂げた教えだと思われます。回忌法要に関しては、インドでは四十九日、中国では三年間、喪に服するといいますが、日本では百回忌まであります。神道の式年祭による祖先をお祀りする神事が、寺院にとりいれられておこなわれるようになった法事だともいわれています。葬儀も神社でも神葬祭として行うことがありますし、仏式のお墓とさほどかわらない神式のお墓もあります。ただ、神式と仏式では呼称や葬儀の仕方は異なります。

北海道神宮の鳥居

鳥居とは？

鳥居は神仏習合の名残のために寺院にもあります。鳥居の起源については諸説があり、考古学的にははっきりはしていない。

幣殿とは？

幣殿は神社において、参拝者が正式参拝などで幣帛（へいはく）をささげる社殿のことをいいます。場所は拝殿と本殿との中間になります。ちなみに、幣帛とは、神道の祭祀において神に奉献する、神饌（酒や作物など）以外のものの総称です。

手水舎とは？

古来は参拝するさいに、神社近くを流れる川の水や湧き水で手を清めていました。新潟県の弥彦神社、鳥居近くの小さな川や伊勢神宮近くの五十鈴川の御手洗場（みたらし）で身を清めるのはこの名残です。時代とともに清流や湧き水がなくなってきて、それに代わる施設として境内に御手洗場を設けるようになったものが手水舎だといわれています。

白山比咩神社の手水舎

拝殿と本殿の違いは?

拝殿とは本殿を拝するための人間のための場所であり、本殿とは神のための場所といえるでしょう。本殿は神殿ともいい、奈良県の大神神社は三輪山そのものがご神体ですので、拝殿しかない神社です。寺院では神社のように明確に分けられたものはありません。古来に神社はなく、神聖な場所で結界をつくり、その場所で神事がなされていたといわれています。山の頂上に社が建てられ、冬のあいだも参拝したいと里に建てられた社が一般的な今の神社です。

竹駒神社の拝殿

随身門とは?

随身門（ずいじんもん）とは、平安時代以降、貴人が外出されるさい、警衛と威儀を兼ねて勅宣によってつけられた近衛府の官人（今でいえばボディガードのような役職）の姿の守護神像を左右に安置した神社の門のことです。この二神は闇神（かどもりのかみ）あるいは看督長（かどおさ）といわれ、俗に矢大臣・左大臣と称されています。

三峯神社の随身門

摂社、末社、社務所とは?

現在は摂社（せっしゃ）、末社（まっしゃ）に関しては特定の規定はなくなりましたが、一般的には、摂社はその神社の祭神と縁故の深い神を祀った神社、末社はそれ以外のものと区別されています。社務所（しゃむしょ）はお守りや絵馬、ご祈祷、奉納等の受付をする所です。

香取神宮の摂社奥宮 　　弥彦神社の社務所

ご神体とは?

神社には「ご神体（ごしんたい）」といわれる祭祀の対象になる存在があります。ご神体はそれぞれの神社によってその形態が違い、鏡、剣、玉、石、木などさまざまです。ご神体は、「御霊代（みたましろ）」とも呼ばれ、「御霊（みたま）の依代（よりしろ＝宿る場所のこと）」であり、山自体や滝などがご神体という場合もあります。伊勢神宮のご神体は八咫鏡（やたのかがみ）だといわれていますが、伊勢神宮正殿の床下中央に立てられる柱を心の御柱（みはしら）、あるいは忌柱（いみはしら）天御柱（あめのみはしら）などとも呼ばれ、古来から神聖視されています。

| 絶景 | # 日出の石門
Hii-no Sekimon
[愛知県] 大自然が生み出した奇跡の象徴 |

深い海底から浮上してきた奇岩
二億年という年月を経て、それが今ここにある

日出の石門は「岸の石門」「沖の石門」の2つの総称であり、その異様な形状から奇岩と言われることもある。それぞれに見られる洞穴は、気の遠くなるような長い年月をかけて波の力によって侵食されできたもの。雄大な自然の神秘とも言えるこの石門と美しい日の出の光景を目撃した人々は、息の詰まるような深い感慨を覚えるだろう。さらに、時期にもよるがその洞穴越しに朝日が昇るシーンに出会える瞬間もあり、実はこの瞬間こそが日出の石門の名前の由来となっている。こういったダイナミックな場面を目の当たりにし、思わず本能が刺激されるような感動を味わうのもいい。

生い立ちについての謎

日出の石門は地質学上はチャートという硬い堆積岩である。放散虫の殻などの珪酸分が沈殿したものとされるこのチャートは約二億年前にはるか南方の海底にできたもので、太平洋プレートの移動と共にこの地に運ばれてきたと考えられている。こういった生い立ちを知るとまた見え方も変わってくる。

人気の撮影スポット

石門の穴越しに昇る朝日を見られる「恋路ヶ浜」が人気であり、時期的には10月中旬と2月中旬のみ、そのレアな光景が楽しめる。また、元旦の初日の出をこのスポットから眺めようと訪れる人々も多い。隠れスポットとしては日出駐車場周辺にある展望台も。

ワンポイントアドバイス

伊良湖ビューホテル下の国道42号線沿いの日出駐車場から少し歩くと階段があり、そこから浜へ降り岸の石門周辺を散策できる。ちなみに12月31日夜から1月1日朝までは混雑するため、日出駐車場・恋路ヶ浜駐車場ともに有料（1台 ¥800）となっている。

観光スポットとしても名高い「恋路ヶ浜」。そのネーミングの起源は江戸時代と、意外と歴史が深い。

日本の灯台50選にも選ばれた伊良湖岬のシンボル「伊良湖岬灯台」

日の出の石門、恋路が浜の散歩にピッタリの三河湾に囲まれた本格派リゾートホテルの伊良湖ビューホテル

日出の石門	ベストシーズン
	10月〜2月 秋から冬にかけてが見頃

お問い合わせ

渥美半島観光ビューロー
愛知県田原市田原町南番場 30-1
Tel：0531-23-3516
受付時間 8:30 〜 17:30
（土曜日・日曜日・祝日は休み）

伊良湖ビューホテル
愛知県田原市日出町骨山 1460-36
Tel：0531-35-6111

アクセス 愛知県田原市日出町伊良湖岬周辺
[車] 東名高速道路豊川IC下車、約90分
[電車] JR豊橋駅下車、新豊橋駅より豊鉄渥美線で三河田原駅下車、豊鉄バス伊良湖支線（保美行き）堀切海岸下車、徒歩50分

| パワースポット

竹島・八百富神社
Takeshima / Yaotomi Jinja

[愛知県] 三河湾に浮かぶ宇宙空間

UFOも出没する?! 気分爽快の異次元ワールド
次元が違う運気を得たい方におすすめNo.1浄化スポット

陸地側とは全く異なる植物でいっぱいの竹島は、その不可思議さから島全体が国の天然記念物に指定されている。UFO（未確認飛行物体）に似た形状の島だからか、UFO観測スポットとしても知られる。島に近づくと、海の風と潮の香りで気分が爽快になる。すぐに橋を渡りたくなるが、まず八百富神社の遥拝所を参拝。ここで、これから島に参りますとお伝えしてから橋を渡ると良い。387メートルある橋を渡り始めると、海風の強さに驚かされる。神社では通常、参道を通る間に現世の罪穢れを祓い清めてご神体と対面するが、竹島の場合は、この橋が祓い清め（浄化）の役を担う。その浄化力の強さは国内No.1だろう。周囲約680メートルの島内には5つの神社がひしめく。昭和天皇も上られた101の石段の上は、濃密な気を放つ宇賀神社、森林パワーの大黒神社、伊勢神宮のような社の千歳神社、琵琶湖の竹生島からお迎えした弁財天が前身の八百富神社と続く。社務所で販売されている宝船の絵は、知る人ぞ知る異次元の開運力がある。クライマックスは八大龍神社。無数の龍神が疾走するような重厚感ある風が吹く。通り抜けて階段を下りると島の先端、竜神岬。海と空が融合するこの場所で、心の視界も一気に開けるだろう。

お祭りされている神様

- 市杵島姫命（イチキシマヒメノミコト）
- 宇迦之御魂神（ウカノミタマノカミ）
- 大国主命（オオクニヌシノミコト）
- 藤原俊成（フジワラシュンゼイ）
- 豊玉彦命（トヨタマヒコノミコト）

八百富神社で祭られる市杵島姫命は宗像三女神の一柱。仏教の女神・弁財天と合わさり、日本七弁天のひとつとされる。宇迦之御魂神は宇賀神社に、大国主命は大黒神社に、藤原俊成は千歳神社に、豊玉彦命は八大龍神社にそれぞれ祭られている。

御利益ポイント

海と森林のエネルギーは精神の滞りやモヤモヤをすっきりさせ、風と空のエネルギーはその精神を一段高みに上昇させてくれる。金運や商売繁盛、勉学、その他困難な状況を打破する開運全般に良い神社で、自分が想像もしなかったような新たな展開をもたらす。

このパワースポットのマナー

竹島と言えばきれいな海と砂浜。ゴミなど捨てないよう環境を保とう。また竹島と言えば良質なアサリに定評がある人気の潮干狩りスポットだが、シーズンの指定日以外は、漁師さん以外アサリを取ることは禁止なので注意が必要。

近くのおすすめスポット

八百富神社遥拝所の手前にある南部市民センターと隣接する御鍬神社は、竹島からの上昇気流に乗るようなエネルギーが吹き上がって来る。竹島が見える弘法山の山頂には、高さ18.78メートルの子安弘法大師が立っている。

藤原俊成卿。藤原定家の父で1181年に八百富神社の前身、竹島弁天社を創建

縁結びの橋とも言われる竹島橋。気になる人と一緒に渡ると結ばれる?!

開運、安産、縁結びの神、八百富神社。関ヶ原の戦いの前に徳川家康も参拝

大黒神社付近の欄内にいる4体の力士像。かつては手水をためる水盤を支えていた

社務所で販売している運が良くなる宝船。見えない所に飾るのが運気を得るコツ

竜神岬の澄んだ海水に癒される。沖に見えるのは海水浴のできる無人島、三河大島

竹島・八百富神社　参拝時間

約50分

おすすめ参拝順路
1. 八百富神社遥拝所
2. 藤原俊成像
3. 竹島橋
4. 宇賀神社
5. 大黒神社
6. 千歳神社
7. 八百富神社
8. 八大龍神社
9. 竜神岬
10. 遊歩道

アクセス　愛知県蒲郡市竹島町3-15
[車] 東名高速　音羽蒲郡I.Cからオレンジロード（有料）で約10分（東京から3時間10分）[電車] JR豊橋駅で乗り換え、東海道線　蒲郡下車（東京駅から新幹線利用で約2時間）

知る人ぞ知る、愛知の食文化

◆◇

茶苑

[田原市] 三河田原駅より徒歩18分

モーニングの発祥の地、東三河。45年近く前に豊橋駅前の喫茶店からモーニングサービスが始まり、東三河全体へ広まったのは有名な話。この東三河モーニング街道の田原にある茶苑は一押しのモーニングの名店。セットは数種あるが、ガッツリ食べたい方にはボリュームのある写真の「しっかりモーニング（ドリンク料金＋￥350）」がおススメ。玉子は地元田原産を使用し、10種類の穀物を使い焼き上げた十穀パンは栄養価が高くとてもヘルシー。挽きたて淹れたてネルドリップ珈琲がモットーという珈琲（￥420）はオーダーごと一杯ずつ淹れていく丁寧さ。

／本場のモーニングを召し上がれ

店内は洗練されつつも黒と茶色で統一された和の空気が漂う空間

のどかな場所に佇むその外観は赤レンガが印象的な親しみある雰囲気

DATA　Tel：0531-23-2760　愛知県田原市田原町西山口6-12【営業時間】7:00～18:00（モーニングタイム7:00～12:00）【定休日】金曜日　アクセス／豊橋鉄道渥美線　三河田原駅より徒歩18分　ぐるりんバス権現の森停留所より徒歩3分

◆◇

Rustic house

[蒲郡市] 三河塩津駅から徒歩11分

洋服や日用品を扱うセレクトショップに併設されたカフェ。自分たちが間違いなくおいしいと思うものだけを提案したメニューが並ぶ。写真はメイン1種、その時々の旬な地元野菜を使ったデリ2種、スープ、サラダ、ドリンクのフードセット（￥1,500）。サラダはもちろん、スープや他料理にも季節に応じてこだわり抜かれた地元の旬な新鮮野菜を使用するため料理の内容は随時変化する。新鮮な地元野菜を食べ、この地域の自然のエネルギーを授かろう。セレクトショップでは独自の展示会やワークショップも開催されておりそちらもチェックしたい。

／その日の野菜をその日のメニューに

小高い丘の上にあり、周囲は鮮やかな緑が覆う

趣きのある手作りの看板もセンスを感じさせる

解放感のある店内。外にはバルコニー席も

DATA　Tel：0533-69-3160　愛知県蒲郡市西迫町荒子71-1【営業時間】11:00～19:00【定休日】火曜日　アクセス／三河塩津駅から徒歩11分　JR東海道本線蒲郡駅からタクシーで10分

日出の石門と竹島・八百富神社と共に行きたい美味 4 店舗！

伊良湖岬に来たら大あさり

◆◆
灯台茶屋

[田原市] 恋路ヶ浜停留所より徒歩 3 分

恋路ヶ浜での岩がき・活魚料理ならば間違いなくこのお店。海鮮フライ、刺身、焼き魚など各種定食はボリューム満点でどれも美味。どんぶり街道メニューとして注目を浴びているのは写真の「岩がきと大あさりお見合い丼（¥1,000）」。温泉玉子のまろやかさと濃厚な味噌だれが絶妙に絡みつつ、岩がきのフライは身が柔らかくクリーミーで、大あさりは衣にまで旨みが浸透しており、とても深い味わい。大衆食堂のような気さくな雰囲気で、店を出る際には串に刺したパイナップルも貰える。

DATA Tel：0531-35-6262　愛知県田原市伊良湖町古山2814-4【営業時間】10:30～16:00 ※夕食は要予約【定休日】不定休　アクセス／豊橋駅から豊鉄バス伊良湖岬行き 恋路ヶ浜停留所より徒歩3分　鳥羽・知多半島師崎からフェリー 伊良湖港ターミナルより徒歩8分

鮮度抜群、焼きたての大あさりを贅沢にいただく

2階は畳部屋。窓からの眺望も良く落ち着いた空間

明るく華やかで活気の感じられる彩り豊かな外観

◆◆
アゼリア

[蒲郡市] 竹島・八百富神社から徒歩 9 分

歴史あるホテルで珈琲タイム！

竹島を見渡せるこのカフェがあるのは経済産業省が認定した近代化産業遺産でもある蒲郡クラシックホテルの2階。風格漂うロビーを歩み正面の階段を上がるとそこは歴史を感じさせるクラシカルな空間。ガトーフレーズ、モンブランなどのケーキメニューもおススメだが、写真のデザートプレート（¥1,600）がメニューのなかでも特に人気。アイス、シャーベット、季節のフルーツ…何が載ってくるかは日替わりでのお楽しみ。オードブルやスープ、ドリンク類、各種料理、スイーツがパッケージとなった「女子会プラン」といったサービスも人気がある。竹島の絶景を眺めつつ優雅な空間を楽しめるのがこのラウンジの魅力だ。

DATA Tel：0533-68-1111　愛知県蒲郡市竹島町15-1 蒲郡クラシックホテル 【営業時間】10:00～18:00　バー 18:00～22:00（L.O.21:30）【定休日】無休　アクセス／竹島・八百富神社から徒歩9分

三河湾、竹島の眺望を堪能できるテラス席

重厚さが感じられる館内はまさに格別とも言える

城のような佇まいは和の雰囲気を醸し出している

清水寺の雪景色
Kiyomizudera-no Yuki-geshiki

絶景

[京都府] 白い音とともに、み仏が舞い降りる

感じる、観音様の五観。研ぎすまされる、私達の五感
み仏の力によって心が洗われる、特別な白い時間

一年中、観光客の姿が途絶えることはない世界文化遺産である清水寺。ここには、ただご利益にあやかろうというだけではない計り知れない大きな魅力がある。歴史の深さはもちろん、春夏秋冬の変わりゆく景色と建物の奥ゆかしさ、華やかさ、晴れやかさ。そして冬京都が訪れ、寒さと気候が見事に絡み合った瞬間のみ、み仏の白い光で包み込まれる特別な清水寺が出来上がる。私達の心を洗い清め、感謝の気持ちを与えてくれる観音様に少し近づける瞬間でもある。

行き方

奥の院から見た清水の舞台と本堂が、一番の絶景ポイントだと言われており、多くの人が同じ場所でカメラを手にするが、仁王門や三重塔の朱塗りと白銀の組み合わせも格別の美しさ。滅多に出会えることない雪の清水寺の空気感を、是非カメラに収めて欲しい。

清水の舞台

音羽山の中腹に広がる清水寺の境内は、13万平方メートルと結構広く、15もの伽藍が立ち並ぶ。一番の絶景ポイントである雪の日の「清水の舞台」は濡れているととても滑りやすいので、カメラを持つ際には十分気をつけ、靴は歩きやすさを重視。

ワンポイントアドバイス

清水寺には、参道の舗装やスロープの設置が施され、段差なく境内を一周できる道が整備されている。本堂入口にある轟門で、車椅子境内参拝マップが入手出来るので、ご年配の方や体の不自由な方にも、是非一緒に過ごしていただきたい。

少し足を運んで見る雪の銀閣寺もおススメ。雪の京都はまた違った雰囲気がある

雪の少ない京都で、一面の雪景色はなかなか遭遇することができない

雪がつもった清水寺内を歩くのは滑るので要注意。ヒールや慣れない靴はNG

清水寺の雪景色	ベストシーズン
	1月～2月頃

お問い合わせ

清水寺
京都府京都市東山区清水1丁目294
Tel：075-551-1234

［拝観料］通常拝観　大人￥300　小中学生￥200　［夜間特別拝観］大人￥400　小中学生￥200　通常6：00より開門し、閉門時間は季節により変更。夜間特別拝観の期間中は、通常拝観を一旦終了し、再度開門となるので問い合わせを。

［アクセス］
［電車］JR東福寺駅乗り換え京阪電鉄で清水五条駅下車 徒歩約25分 ［バス］京都駅から京都市交通局（市バス）206系統・東山通北大路バスターミナルゆき、100系統清水寺祇園 銀閣寺ゆきで五条坂下車、徒歩10分

鞍馬山・鞍馬寺
Kuramayama / Kuramadera

［京都府］大天狗の住まう義経修行の地

パワースポット

歴史ある京都の不思議スポットであなたも覚醒する!?
ミステリアスな自分に目覚めたい方におすすめ

大天狗が住み幼少時代の源義経に武芸を教えた、650万年前に金星から護法魔王尊なる宇宙生命が降臨した、地底都市シャンバラへの入口があるなど、鞍馬山は不思議な逸話に彩られる神秘的なパワースポットだ。ケーブルカーもあるが、歩ける人は是非歩いて欲しい。火祭りで知られる由岐神社の手前では、高さ約53m・樹齢800年の大杉が空に真っ直ぐ伸びて、天に一心の願いを届けてくれる。本殿金堂の手前階段下の転法輪堂は、巨大な阿弥陀如来像が安置され、ご先祖様への感謝を捧げる場だ。本殿金堂周辺には、護法魔王尊を天・人・地から感じるパワースポットがある。広場南端のしめ縄が張られた場所は、護法魔王尊が降臨したとされ、壮大な天のエネルギーを感じる。金堂の西側にある光明心殿は護法魔王尊を祭っており、手を合わせて祈りを捧げよう。人という字は合掌した手を表し、天地を結ぶ。そのさらに西側の庭にある白い盛り砂は護法魔王尊の乗り物とされ、大地からの熱源を感じるパワースポットだ。奥の院参道からは登山で、樹木の根が浮き出た道から大杉権現社の辺りは、鞍馬山信仰の原点とされる絶好の瞑想スポット。伝教大師・最澄が修行した僧正ヶ谷不動堂前の幾何学模様は、鞍馬特有の宇宙的エネルギーが渦巻いている。

本尊

- 千手観音菩薩（センジュカンノンボサツ）
- 毘沙門天王（ビシャモンテンオウ）
- 護法魔王尊（ゴホウマオウソン）

鞍馬寺では、尊天（そんてん）と呼ぶ万物の源である宇宙生命を本尊として信仰している。尊天は、月の精霊である千手観音菩薩、太陽の精霊である毘沙門天王、大地の霊王である護法魔王尊という3つの姿で表現され、この三身一体で尊天と称される。

御利益ポイント

開眼、覚醒、新たな能力の獲得など、あまり意識できなかった感覚を得られやすい。山を歩き祈りを捧げ、瞑想している中で日頃のモヤモヤした思いが解放される。気功やヨガ、レイキ、瞑想などを扱う人達も、鞍馬山で感覚を養える。

清少納言が枕草子で「近うて遠きもの」と評した表参道。赤い灯籠の列が美しい

由岐神社（ゆきじんじゃ）。都の北方守護のため、御所から鞍馬に遷された

このパワースポットのマナー

本殿金堂前の幾何学模様は、行列のできるパワースポットだが、それだけに占領しないよう心がけたい。嫌な思いを味わう人が多くなると、折角のパワースポットも場が荒れてしまう。パワースポットは、気分や気持ちなど、"気"の影響を受けやすいからだ。

有名な本殿金堂前。六芒星の中心に立つと尊天のエネルギーを受け取れる

木の根道。幼少時代の義経がここで跳躍の練習をしたと言い伝えられている

近くのおすすめスポット

西門を出て右に向かうと京都の代表的な水の神様、貴船神社だ。水占いの本宮、縁結びスポット結社（中宮）、パワースポット船形岩の奥宮と三社ある。鞍馬・貴船に向かう出町柳駅すぐそばの下鴨神社も、水と緑の癒しスポット。

清浄なエネルギーをもつ僧正ガ谷不動堂。この不動堂前にも六芒星がある

山深い奥にある護法魔王尊を祭る奥の院魔王殿。静かに休憩するのに良い場所

鞍馬寺	参拝時間
	約 120 分

おすすめ参拝順路
① 仁王門
② ケーブル山門駅の毘沙門天像
③ 由岐神社
④ 転法輪堂
⑤ 本殿金堂
⑥ 義経公背比べ石
⑦ 木の根道
⑧ 大杉権現社
⑨ 僧正ガ谷不動堂
⑩ 奥の院魔王殿
⑪ 西門

アクセス 京都府京都市 左京区鞍馬本町1074
［電車］京都駅から京阪電車 出町柳駅で乗り換え、叡山電鉄 鞍馬駅下車、本殿まではケーブル約2分と徒歩10分、または徒歩のみ30分（駐車場が少ないため電車がおすすめ）

1品1品に趣を感じる京都の味

美味

ストップ！まで
お任せで揚げます！

お茶漬けとごはん、みそ汁、つけもののみ追加可能

ほんのり浮かび上がる赤いのれんに期待が高まる

店主の愛情がこもった串揚げを食すには是非対面で

◆◇ 串たなか

[京都市] 阪急烏丸駅・地下鉄四条駅 徒歩3分

烏丸錦西入ルの細い裏路地の奥にひっそりと佇む串揚げの名店。串揚げメニューは20種類のお任せ串揚げが食べられる「一方通行」¥3,800のみ。一方通行という名の通り、店主がおまかせで肉や野菜の串揚げを、ペースに合わせて出してくれる。店主との信頼関係で料理を楽しめるお店はなかなかないので新しい感覚を覚えるはずだ。締めは自家製シャーベットでお口直し。落ち着いた店内でゆっくりと時間を過ごせるとあって、県外からやってくる人も多い人気店。

DATA Tel：075-222-0054　京都府京都市中京区錦小路通烏丸西入ルドル占出山町310-10【営業時間】17:30～22:30（L.O. 22:00）【定休日】月曜（祝日の場合は営業）第1、第3火曜【アクセス】阪急・烏丸駅／地下鉄・四条駅22出口より北へ 一筋目を左折、一筋目（路地）を南へ

◆◇ 宮武

[京都市] JR丹波口駅 徒歩3分

ランチがまるで料亭クラス！

京都中央卸売市場に隣接する大人の隠れ家居酒屋。風情のある通りを抜けると目立った看板も無い石畳の入り口。水産会社直営で季節ごとの旬な魚がリーズナブルな価格で味わえる。ランチの人気メニュー日替わり御膳は焼き魚、煮魚、刺身、小鉢、ご飯、味噌汁等がついてなんと¥800（写真上）。夜の居酒屋メニューもその日に仕入れたおススメ鮮魚の日替わりメニューが¥500～。京都で美味しい魚が食べたくなったら迷わず宮武。夜は要予約。

DATA Tel：075-203-1855　京都府京都市下京区西新屋敷下之町アンクル島原1F【営業時間】10:30～14:00（L.O. 13:30）17:00～23:00（L.O.22:00）【定休日】日曜・祝日【アクセス】山陰本線JR丹波口駅下車 徒歩3分 京都中央信用金庫の裏

木目の佇まいの大人の隠れ家を見つけて中に入ると、そこには和の空間。店内は、まな板とカウンターが同じ高さで料理人との距離が一気に近くなる

清水寺と鞍馬山と共に行きたい美味4店舗!

抹茶の
うまみが凝縮!

程よい甘さの黒糖のフレンチトーストも是非食してみよう

外観は和モダン。内装はスタイリッシュな造りでギャラリーも併設

◆◆
うめぞの
カフェアンドギャラリー

[京都市] 阪急烏丸駅・地下鉄四条駅 徒歩7分

蛸薬師通沿いの路地裏の一角にあるカフェの名店。人気メニューは京都産の宇治抹茶をたっぷり使った抹茶のホットケーキ(¥930)。しっとりふわふわのホットケーキに、餡と黒糖バターがトッピングされ、一口食べると抹茶の香りが広がり、さらにシロップをかけて食べると美味しさの変化が楽しめる。人気の黒糖のフレンチトースト(¥780)も外せない一品で、黒糖ミルクにじっくりとフランスパンを漬け込み、きなこと黒蜜をかけて食す、うめぞのならではの味。

DATA Tel:075-241-0577 京都府京都市中京区不動町180 【営業時間】11:30~19:00 (L.O.18:30) 【定休日】なし【アクセス】京都市営地下鉄四条駅、阪急京都線烏丸駅下車徒歩7分。駅を出たら北へ、二筋目角「烏丸蛸薬師」の但馬銀行の手前を東に曲がり、二筋目の新町通と3筋目の西洞院通の間

◆◆
SONGBIRD DESIGN STORE.

[京都市] 二条城前駅、丸太町駅より徒歩8分

東堀川通と竹屋町通の角にぽつんとあるビルの入口を入り階段を上がると2階にカフェが。中に入るとシンプル&モダンな空間で、ゆっくりとした時間が流れている。オススメのメニューは SONGBIRD CURRY(¥900)。鳥の巣をイメージした盛り付けのチキンカレーは、フライドオニオンの上に半熟卵が1つ乗っていて、卵を崩しながら食べると甘みとまろやかさがカレーのスパイスと合わさって絶妙にマッチする逸品。コーヒー豆にもこだわっていて厳選された焙煎士によるオリジナル焙煎のブレンドコーヒー(¥500)もおススメ。

DATA Tel:075-252-2781 京都府京都市中京区竹屋町通堀川東入西竹屋町529-2F 【営業時間】12:00~20:00 (L.O. 19:30) 【定休日】木曜・第3水曜【アクセス】地下鉄東西線 二条城前駅より徒歩8分 地下鉄烏丸線 丸太町駅より徒歩8分 東堀川通と竹屋町通の角

この鳥の巣が旨いんです!

カレーと並ぶ人気のふわふわなパンケーキ(¥600)

スタイリッシュな店内でいつもと違うカフェタイム

入口の雰囲気から美味しいものが出てきそうな感じ

愛知の旅

例えばこんなプラン！

1日目
名古屋駅〜蒲郡駅　¥970
竹島・八百神社　散策
蒲郡駅〜豊橋駅　¥320
ホテル無料送迎バス
伊良湖ビューホテル　宿泊　¥12,900

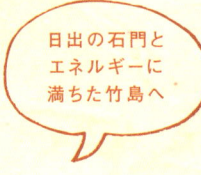

2日目
日の出門周辺　散策
ホテル無料送迎バス
豊橋駅〜名古屋駅　¥1,320

合計　¥15,510
（食費＋自宅までの往復交通費は入っていません）

💬 日出の石門とエネルギーに満ちた竹島へ

絶景　日出の石門 ▶ 竹島・八百富神社　愛知県田原市日出町伊良湖岬周辺

🚆 **電車**
伊良湖ビューホテル無料送迎バスで豊橋駅へ、JR東海道本線 蒲郡駅下車（所要時間1時間20分、乗車券 ¥320）

🚗 **車**
表浜街道から県道28号線→田原バイパス→植田バイパス→国道23号線→国道23号線→三河湾オレンジロードと進み、竹島 到着（所要時間1時間36分、総距離55.9km、料金 ¥0）

パワースポット　竹島・八百富神社 ▶ 日出の石門　愛知県蒲郡市竹島町3-15

🚆 **電車**
蒲郡駅乗車、JR東海道本線 豊橋駅下車、伊良湖ビューホテル無料送迎バス（所要時間1時間20分、乗車券 ¥320）

🚗 **車**
三河湾オレンジロードから国道247号線→国道23号線→植田バイパス→県道28号線→表浜街道と進み、日出の石門 到着（所要時間1時間36分、総距離55.9km、料金 ¥0）

美味

茶苑
Tel：0531-23-2760　愛知県田原市田原町西山口6-12【営業時間】7:00〜18:00（モーニングタイム7:00〜12:00）【定休日】金曜日　アクセス／豊橋鉄道渥美線 三河田原駅より徒歩18分 ぐるりんバス 権現の森停留所より徒歩3分

Rustic house
Tel：0533-69-3160　愛知県蒲郡市西迫町荒子71-1【営業時間】11:00〜19:00【定休日】火曜日　アクセス／三河塩津駅から徒歩11分 JR東海道本線蒲郡駅からタクシーで10分

灯台茶屋
Tel：0531-35-6262　愛知県田原市伊良湖町古山2814-4【営業時間】10:30〜16:00 ※夕食は要予約【定休日】不定休　アクセス／豊橋駅から豊鉄バス伊良湖岬行き 恋路ヶ浜停留所より徒歩3分　鳥羽・知多半島師崎からフェリー 伊良湖港ターミナルより徒歩8分

アゼリア
Tel：0533-68-1111　愛知県蒲郡市竹島町15-1 蒲郡クラシックホテル【営業時間】10:00〜18:00　バー18:00〜22:00（L.O.21:30）【定休日】無休　アクセス／竹島・八百富神社から徒歩9分

京都の旅

真っ白な清水寺と大天狗が住む鞍馬山へ

例えばこんなプラン！

1日目
京都駅〜鞍馬駅　¥650
鞍馬寺・下鴨神社 周辺散策
鞍馬駅〜京都駅 ¥650
京都市内　宿泊　¥8,600

2日目
京都駅〜清水五条駅　¥230
清水寺　散策
清水五条駅〜京都駅　¥230

合計　¥10,360
（食費＋自宅までの往復交通費は入っていません）

絶景　清水寺 ▶ 鞍馬山・鞍馬寺
京都府京都市東山区清水1丁目294

🚃 **電車**
徒歩 25 分、清水五条駅で乗車、京阪本線 出町柳駅乗り換え、叡山電鉄 鞍馬駅下車、本殿まではケーブル約 2 分と徒歩 10 分または徒歩のみ 30 分（所要時間：1 時間 40 分　料金¥690）

🚗 **車**
松原通から五条通→五条通→烏丸通→今出川通→堀川通と進み、鞍馬寺 到着（所要時間 43 分、総距離 17.5km、料金¥0）

パワースポット　鞍馬山・鞍馬寺 ▶ 清水寺
京都府京都市 左京区鞍馬本町 1074

🚃 **電車**
叡山電鉄 鞍馬駅 乗車、出町柳駅乗り換え京浜本線 清水五条駅下車、徒歩 25 分（所要時間 1 時間 40 分　料金¥690）

🚗 **車**
堀川通から今出川通→烏丸通→五条通→五条坂→松原通と進み、清水寺 到着（所要時間 43 分、総距離 17.5km、料金¥0）

美味　串たなか
Tel：075-222-0054　京都府京都市中京区錦小路通烏丸西入ル下ル占出山町 310-10　【営業時間】17:30 〜 22:30（L.O. 22:00）【定休日】月曜（祝日の場合は営業）第 1、第 3 火曜【アクセス】阪急・烏丸駅／地下鉄・四条駅 22 出口より北へ 一筋目を左折、一筋目（路地）を南へ

宮武
Tel：075-203-1789　京都府京都市下京区西新屋敷下之町アンクル島原 1F　【営業時間】10:30 〜 14:00（L.O. 13:30）17:00 〜 23:00（L.O.22:00）【定休日】日曜・祝日【アクセス】山陰本線 JR 丹波口駅下車 徒歩 3 分 京都中央信用金庫の裏

うめぞの カフェアンドギャラリー
Tel：075-241-0577　京都府京都市中京区不動町 180　【営業時間】11:30 〜 19:00（L.O.18:30）【定休日】なし【アクセス】京都市営地下鉄四条駅、阪急京都線烏丸駅下車徒歩7分。駅を出たら北へ、二筋目「烏丸薬師」の但馬銀行の手前を東に曲がり、二筋目の新町通と3筋目の西洞院通の間

SONGBIRD DESIGN STORE.
Tel：075-252-2781　京都府京都市中京区竹屋町通堀川東入西竹屋町 529-2F　【営業時間】12:00 〜 20:00（L.O. 19:30）【定休日】木曜・第 3 水曜【アクセス】地下鉄東西線 二条城前駅より徒歩 8 分　地下鉄烏丸 丸太町駅より徒歩 8 分 東堀川通と竹屋町通の角

鳴門の渦潮
Naruto no Uzushio

[兵庫県] 世界三大潮流である強力なパワースポット

月と地球の引力、独特の地形で生まれる偉大なエネルギー
そんな強力な絶景パワースポットに向かって、願いを唱えよう

ゆっくりと眺められる動かないひとつの景色としてではなく、大自然の大きな動きが加わるこの渦潮には、大きく吸い込まれるようなダイナミックな迫力がある。ぜひとも船に乗って、間近でその力を感じてみたい。生命や活力の源となるエネルギーが集まっている場所を人はパワースポットと呼ぶが、ここは絶景とパワースポットが織りなす奇跡の場所。月と地球の引力で発生する潮の干満に、独特の地形が加わることで起こるこの渦潮のもとへ、まさに一生に一度は訪れたい。

渦の道

大鳴門橋架橋15年を記念して、2000年4月にオープンした橋桁内(車道の下)に造られた海上遊歩道、渦の道。大鳴門橋建設当初に計画されていた電車を通す空間を有効利用したこの場所は、渦潮を海上45mの高さから眼下に観察できる人気の観光スポット。

橋長が1,629m、幅は25mの大鳴門橋架橋。四国地方と近畿地方の交通の要

渦の道の先にある展望室では、渦潮を45mの高さからガラス越しに見下ろせる

触れる・感じる

渦潮をもっと近くで見てみたい人には、うずしお観潮船、うずしおクルーズ、うずしお汽船などからいろんな船が出ている。船によって30分間〜1時間程度のコースがあり、船の種類も違うので、下調べをして予約をすることをお勧めする。

渦の道遊歩道。遊歩道の先端にある展望室まで、陸地から450メートル先

約1時間かけてゆっくり鳴門海峡を周遊する、うずしおクルーズ観潮船咸臨丸

ワンポイントアドバイス

渦潮の発生時間は毎日違う。出かける際には、うずしお観光協会や渦の道ホームページ内などにある「潮見表」を確認しよう。春と秋の大潮の頃は潮の流れが時速20kmにもなり大きな渦潮が見られる。1年で最も良い時季と言われているのは3月下旬から4月下旬。

大型観潮船わんだーなるとは、間近で渦潮を観察したい人にオススメ

エスカヒル鳴門の展望台から望む鳴門海峡や大鳴門橋もまさに絶景

鳴門の渦潮	ベストシーズン
	通年 (特に3・4月は潮の流れが早いのでおすすめ)

アクセス 兵庫県南あわじ市と徳島県鳴門市の間にある鳴門海峡
[車] 神戸・淡路・鳴門自動車道 鳴門北IC下車、料金所を出て、鳴門公園方面へ左折、約4分で観潮船のりばへ [電車・バス] 徳島駅もしくは鳴門駅より路線バス(鳴門公園行)乗車、鳴門観光港下車(徳島駅より1時間10分、鳴門駅より20分)

お問い合わせ

鳴門市うずしお観光協会
鳴門市撫養町南浜字東浜165-10　TEL:088-684-1731

大鳴門橋遊歩道　渦の道
徳島県鳴門市鳴門町(鳴門公園内) TEL:088-683-6262
夏季(3月〜9月) 9:00〜18:00 ※入場は17:30まで
GWと夏休み期間は8:00〜19:00 ※入場は18:30まで
冬季(10月〜2月) 9:00〜17:00 ※入場は16:30まで

うずしおクルーズ
兵庫県南あわじ市福良港 うずしおドームなないろ館
TEL:0799-52-0054

エスカヒル鳴門
徳島県鳴門市鳴門町(鳴門公園内) TEL:088-687-0222

沼島
Nushima

（パワースポット）

［兵庫県］ 神々が創りし最初の島

日本誕生の原点！ 国生み神話の島
この国の源につながりたい方におすすめ

日本神話でイザナギ・イザナミの二神が日本の国土を産み出した舞台「オノゴロ島」。沼島はそのオノゴロ島の最有力地として知られる。勾玉のような島の形状、国生み神話の奇岩、世界に2か所しか無い1億年前の地球内部の動きが残る岩石など、伝説の島らしい神秘的な世界が広がる。淡路島の土生港から沼島汽船で約10分、島に降り立つと神話の世界に迷い込んだような奇妙な感覚をおぼえる。沼島港のすぐ近くの弁財天神社は海神ポセイドンが現れたのかと思うような、強烈な海と風のエネルギーに満ちている。沼島観光案内所「吉甚（よしじん）」のそばにある沼島八幡宮は、石段を上っていくと海と山のエネルギーが融合する異空間だ。周囲の森は神社創建のはるか以前から神域として守られ、拝殿後ろの神殿に近づくと、畏れ多いほどの厳粛な空気が立ちこめる。おのころ神社は、階段を上った小高い山の上にある。拝殿の左右には「愛国」「忠君」と刻まれた碑があり、この国のために力になりたい人が訪れる。そして何と言っても上立神岩である。島の中央を横断する道路を抜けると、高さ30mある竜宮城の表門とも天の御柱とも言われる奇岩を海上に目にする。岩の真ん中にはハートが浮き出ており、またこの辺りだけは、他よりも静かで穏やかで温かく、沼島のシンボルにふさわしいパワースポットだ。

お祭りされている神様

・伊弉諾神（イザナギノカミ）
・伊弉冉神（イザナミノカミ）
・天照皇大神（アマテラススメオオカミ）

沼島にはいくつか神社があるが、その中でおのころ神社にお祭りされている三柱の神を記している。イザナギは男神、イザナミは女神で、古事記や日本書紀では両神がまずオノゴロ島を造り、そして島に降り立って夫婦の契りを結び、日本の国土を産んだとされる。

御利益ポイント

海人族や水軍の拠点であった沼島は、海上守護の武神として八幡神と龍神（八大龍王）の影響が強い。そのため強力な武神＋龍神特有の願望実現のパワーがあり、世の中を創造する大きな志を持つ方は訪れると良いだろう。

このパワースポットのマナー

沼島は島全体が尋常ならざる雰囲気に満ちており、特に山道は鬱蒼として人通りが無く、日が高い内に居住区に戻った方が良い。島民は昼以降に山に入ることは無く、必要なときは複数名で入る。またゴミが出たら、島に捨てずに持ち帰ることを心がけよう。

近くのおすすめスポット

南あわじ市榎列の「おのころ島神社」もオノゴロ島の有力候補で、高さ21.7mある朱の大きな鳥居が目立つ著名人も訪れるパワースポットだ。南あわじ市と徳島をつなぐ大鳴門橋の付近では、鳴門の渦潮が楽しめる。

淡路島の南4.6kmに浮かぶ沼島。その形は勾玉か胎児のよう

港近くの弁財天神社。沼島の弁天さんは琵琶を持っていないのが特徴

高台にある蓮光寺。その敷地は沼島城主である梶原家代々の居城であった

1436年創建の沼島八幡宮。5月3日と4日の春祭りは島が最もにぎわう

自凝（おのころ）神社。「おのころさん」と呼ばれる神体山の山頂にある

イザナギとイザナミの像。おのころ神社本殿右手の小高い丘にある

沼島	参拝時間
	約 120 分

アクセス 兵庫県南あわじ市沼島

沼島へは淡路島から沼島汽船を利用。淡路島土生〜沼島の灘線（毎日運航）と、淡路島洲本〜沼島の洲本線（週3便）。
【お問い合わせ先】沼島汽船株式会社 0799-57-0008

おすすめ参拝順路
① 沼島汽船発着場
② 弁財天神社
③ 蓮光寺
④ 沼島八幡宮
⑤ 神宮寺
⑥ 沼島観光案内所 吉甚
⑦ おのころ神社
⑧ 兜岩
⑨ 上立神岩

淡路島の旨い幸を、いろんな国の料理で

美味

うにフォンデュ!?

淡路島絶品生うにの海鮮ひつまぶし（¥3,000）は一杯目はそのままちらし寿司で、二杯目はお醤油をまぶし、三杯目はお茶漬けで

うに色に染まった、うずの丘名物、海鮮うにしゃぶは是非食して欲しい逸品

刺身階段（¥2,700）ただし海産物時価により金額は変更あり

テーブル席から眺める絶景。大鳴門橋架橋を眺めながら海の幸を頂く

◆◆
絶景レストラン　うずの丘

[あわじ市] 淡路島南IC下車3分

大鳴門橋記念館の2階で営業する、テレビ番組でも取り上げられたことのあるオーシャンビューの人気レストラン。座席数は200とかなり広く団体で訪れても余裕を持って対応が可能。食料自給率が100％を超えているという、淡路島で取れる地産地消の食材にこだわった魚介、海鮮の創作料理がメインで、実際に使う素材はさらに料理長自らが厳選している。最も人気が高いランチメニューの「うずの丘海鮮うにしゃぶ（¥3,800）写真上」は、なんと淡路島産の絶品生うにのコク深いスープに、串に刺した新鮮魚介をしゃぶしゃぶして食べるという何とも贅沢な驚きのスタイル。締めにはうにスープに、ご飯と薬味を入れれば「絶品うに雑炊」の出来上がりである。窓から望む絶景を堪能しながらいただきたい。

DATA Tel：0799-52-2888　兵庫県南あわじ市福良丙936-3【営業時間】11:00～15:30（L.O.15:00）※延長あり
【定休日】無休　アクセス／淡路島南IC下車後、3分程度　福良港より車で10分（無料シャトルバスも有）

鳴門の渦潮と沼島と共に行きたい美味3店舗!

◆◆
石窯ピザ丸

[あわじ市] 西淡三原IC下車6分

遠目でもわかる、真っ赤なコンテナ風のナポリピッツァ専門のお店。写真の「マルゲリータ（¥980）」はもちもち食感の絶品ナポリピッツァ。店主こだわりのモッツァレラチーズ、イタリア産のトマトのみを使用し、400°以上の石窯で一気に焼き上げられたピッツァは適度な焦げ目があり、表面はカリッと焼きあがりながらも中はもっちり。今までのピッツァの概念を覆してくれる美味さ。ピッツェリア店だが、その他にも生パスタやグラタン、アンチョビポテトなど、いろいろな一品料理も豊富でそのどれもが美味しい。

DATA Tel：050-5872-6002　兵庫県南あわじ市榎列小榎列409-7【営業時間】11:30～14:00　18:00～21:00【定休日】水曜日　アクセス／うずしおクルーズより車で14分

10月～12月の期間限定 パンナリモーネ（¥1250）

控えめな照明が穏やかに照らすリラックス空間

石窯で焼くというだけに、外には薪が置かれてある

◆◆
あわじ島バーガー 淡路島オニオンキッチン 本店

[あわじ市] 淡路島南IC下車5分

ご当地バーガー全国1位に輝いたこともある人気のご当地フード「あわじ島オニオンビーフバーガー（¥648）」。5種の味を絡めた淡路島玉ねぎに甘辛く煮込んだ淡路牛、そして淡路島産トマトを使用したソースと、淡路島ならではの食材をふんだんに使った贅沢な味わい。ちなみに淡路島牛乳や淡路牛肉味噌を使用したまろやかな味が特徴の「あわじ島オニオングラタンバーガー（¥648）」も全国2位を獲得している。

DATA Tel：0799-52-1157　兵庫県南あわじ市福良丙947-22 道の駅うずしお【営業時間】通常 9:30～16:30　土・日・祝 9:00～17:00【定休日】無休　アクセス／神戸淡路鳴門自動車道→淡路島南ICで下りて左折し、県道25号へ→突き当りを右折し、県道237号を道なりに進んだ先（淡路島南IC下車後、5分程度）

高級ロースステーキ250gを挟んだ、「前略、道の駅バーガー（¥3,240）」

ブラウン調に統一された、落ち着いた雰囲気の内装

隣には「道の駅うずしお」が併設されている

彦根城の桜
Hikonejyo-no Sakura

絶景

[滋賀県] 1年で1番美しさが際立つ国宝

歴史を語る佇まいに、添えられるピンクの奥ゆかしさ
和の真髄に触れられるエレガントな空間

約1,200本余りものヤエザクラ、ソメイヨシノ、シダレザクラが、国宝級である彦根城を包み込む春の季節。石垣や白壁が淡いピンク色に染まる頃、彦根城は城内一帯が桜一色になる。その光景は思わず背筋が引き締まるような凛とした雰囲気で、人を選ばずとても晴れ晴れとした気分にさせてくれるだろう。特に二重の堀の桜は、水面にもその美しさが映り込みスケール感が倍増する。その華々しい景観は天守閣と並び人気の撮影ポイントとなっているが、城内各所それぞれに違った趣きがある桜の風景を楽しめるので、のんびりと散策してみるのも良いだろう。

彦根城の概要

将軍徳川家康公の命により、徳川四天王の一人である井伊直政の長男、井伊直継が1603年に築城を開始、1622年に完成した城で、別名「金亀城」。日本でわずか12基しかないという、現代まで保存されている現存天守のなかのひとつであるため、天守は国宝となっている。

彦根城桜まつりとは

基本的に毎年開催されている彦根城ならではのイベントで、この期間中は昼間の桜はもちろん、夜は内堀を中心にライトアップされ、夜桜も存分に楽しむことができる。さらに土日祝日には夜間も屋形船が特別運航される。お花見船に乗りながらの優雅なひと時は素敵な思い出になるはず。

ワンポイントアドバイス

桜色に染まった城内はゆっくり一周りしておよそ90分と見応え充分だが、天守内部からの景観もおすすめ。上から見下ろす桜は、天守内の雰囲気とも相まってまた違った趣がある。この城のかつての主もそうやって桜を眺めていたのかも知れない。

陽が沈めば城内はまた色合いを大幅に変え、昼間とは打って変わってどこかミステリアスな雰囲気に

彦根城の天守をバックにしての一枚。桜の美しさも引き立ち清々しい印象を醸し出す

Swimming
彦根城のお堀に住むブラックスワン。優雅に泳ぐその姿に癒される

▶ 夜桜のライトアップ
期間：4月1日～4月20日
（桜の開花状況により変動します）
時間：18:00～21:00まで
彦根城内／内堀沿い
玄宮園前～表門橋～大手橋・京橋口

彦根城の桜	ベストシーズン
	4月上～下旬 （開花期）

アクセス
滋賀県彦根市金亀町1-1
[車] 名神高速道路 彦根IC下車、国道306号線を彦根市内方面へ約10分
（東京ICより約413km
所要時間：約5時間10分）
[電車] JR彦根駅下車、徒歩10分（東京から新幹線で約2時間15分、名古屋から新幹線で約30分）

お問い合わせ
彦根城
開園・閉園時間：8:30～17:00
（彦根城の入山時間、内堀沿いのサクラ観賞は自由）
入場料：大人 ¥600 子供 ¥300
Tel：0749-22-2742
（彦根城管理事務所）

竹生島神社
Chikubusima Jinja
パワースポット
[滋賀県] 琵琶湖に浮かぶ弁才天の聖地

日本一の湖水パワーと篤い信仰が調和した神宿る島
島の龍神エネルギーで、多くの人々の幸せを願う人におすすめ

「琵琶湖に小島あり、弁才天降臨の聖地なり」聖武天皇に夢でそうお告げがあったという竹生島は、厳島・江の島と並ぶ「日本三大弁才天」の一つで、その中でも最も古い。元々は多景島（たけしま）と言い、弥生時代から島そのものがご神体として崇められてきた。鳥居をくぐり、祈りの階段と呼ばれる165段の階段を上ると、宝厳寺の本堂（弁才天堂）に着く。この階段はパワースポットで、護摩堂前の交差点は特にパワーが濃厚だ。途中振り返ると琵琶湖を一望できて、気持ちが良い。本堂の辺りは別次元で、小さな事は気にならなくなる。本堂を出て左手前に力強いエネルギーの不動明王がいらっしゃる。宝物殿には素晴らしくパワーのある身の丈1m超の弁才天坐像や井伊家寄贈の巨亀などが展示され、一見の価値あり。国宝の唐門から、なで仏様をそっとなで、千手千眼観世音菩薩様にご挨拶して舟廊下を渡ると、竹生島神社（都久夫須麻神社）の本殿だ。本殿の階段を下り他のお社に囲まれている辺りは正にパワースポットで、根源的で壮大なエネルギーとつながる。その他に爽快なエネルギーの竜神拝所、本殿向かって右手奥にある常行殿のさらに右横奥の階段を下りた先にある龍神祭の聖地・放生会斎庭（ほうじょうえゆにわ）、黒龍堂のご神木と、正にパワースポットの宝島だ。

お祭りされている神様

・市杵島比売命（イチキシマヒメノミコト）
・宇賀福神（ウガフクジン）
・浅井比売命（アザイヒメノミコト）
・龍神（リュウジン）

社伝では浅井比売命を祭る祠が建てられたのが本神社の始まりである。浅井比売命、市杵島比売命、そして宇賀福神も仏教の女神・弁才天と同一視されることがある。龍神信仰もしばしば弁才天信仰と合わさるので、基本的に弁才天を祭る神社と捉えて良いだろう。

御利益ポイント

弁才天といえば言語・才能の神で、弁財天という財宝の神でもある。豊臣秀吉との関係が深く、秀吉のように大いに才能を発揮し財産を築こう。本殿階段下の右手、招福弁才天お社前にある招財小判御守は金運に効果あり。

琵琶湖に浮かぶ竹生島の全景。今津港、長浜港どちらからも船で約30分かかる

国宝である桃山様式の唐門。大阪夏の陣で焼失した豊臣期大阪城の唯一の遺構か

このパワースポットのマナー

午後4時から翌朝9時までは拝観できない。夜は無人島で、寺社やお土産物屋の人達も、みな船で島に通っている。またゴミを捨てる所は無く、持ち帰りになる。なぜなら、この島は基本的に神様の島で、島そのものがご神体として扱われているからだ。

階段の上りは少々体力を要する。しかし振り返れば琵琶湖の絶景を拝める

近くのおすすめスポット

竹生島へ行く船が出ている彦根港、長浜港のあたりは滋賀の観光スポット。豊臣秀吉の信仰も篤かった多賀大社、その秀吉を祭る長浜の豊国神社、宝物殿の巨亀を贈った井伊家の彦根城など、竹生島との縁が深い人物ゆかりの場所をまわってみてはどうだろうか。

竜神拝所。土器に願い事を書き、投げて鳥居をくぐれば、願い事が成就する

火炎を背にした不動明王像。島では珍しく火のエネルギースポット

竹生島神社 ／ **参拝時間** 約70分

おすすめ参拝順路
① 拝観受付
② 宝厳寺本堂（弁才天堂）
③ 不動明王像
④ 宝物殿
⑤ 観音堂
⑥ 竹生島神社本殿
⑦ 竜神拝所
⑧ 放生会斎庭
⑨ 黒龍堂
（拝観受付の後、先に黒龍堂から行くのも良い）

[アクセス] 滋賀県長浜市早崎町1665
［車］東京方面から東名高速道路・東名高速道路経由 名神高速道路 長浜ICより約15分、長浜港より乗船 ［電車］JR北陸本線 長浜駅から徒歩10分、長浜港より乗船

滋賀で出会った鯖料理と隠れた名店

美味

本物の鯖の味をご堪能あれ！

◆◆
翼果楼

[長浜市] 長浜駅より徒歩5分

滋賀の郷土料理の名店、翼果楼（よかろう）。写真の「鯖（さば）街道 焼鯖寿司付き」は、歴史の深い伝統的な家庭料理である長浜名物の焼鯖そうめんと、焼鯖寿司、寄せゆば豆腐、吸物が付いて¥1,770。焼鯖そうめんは、焼き鯖の旨味を素麺がしっかりと吸い込んでいて、一緒に食べると相性の良さを実感出来るはず。じっくり煮込んだ焼鯖は身が柔らかく旨味も凝縮されていて骨まで美味しく食べられる。なかなかお目にかかることができない焼鯖そうめんは人生で一度は食したい郷土料理。単品（¥900）でも注文可能。

ほどよい甘さのそば麩入りぜんざい（¥650）

古民家を上手く利用した、親しみを感じる店内空間

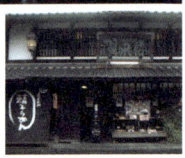

思わず食欲をそそるような香りが店の外にまで漂う

DATA Tel：0749-63-3663　滋賀県長浜市元浜町7-8【営業時間】11:00～17:00（売り切れ次第終了）【定休日】月曜日（月曜が祝日の場合は火曜休み）アクセス／JR琵琶湖線長浜駅より徒歩5分

◆◆
51CAFE

[彦根市] 彦根城から車で10分

豆乳と卵黄の相性抜群！

南彦根駅から、畑などが多いのどかな風景の中を進んだ先にある人気のカフェ。写真は2種類から選べるパスタランチの「厚切りベーコンときのこの豆乳クリームソース卵黄のせ」（¥1,100）。パスタランチは2週間ごとに食材などの都合でメニューを変えており、寒い時期はクリームソース系、暖かくなるとオイル系ソース、トマトソース系のメニューが登場する。店内の空間は倉庫のようなその外観からは想像できないほど、お洒落な内装が施されており、誰でも気軽にゆったりとくつろげる空間になっている。

ハムとチーズのイングリッシュマフィン（¥450）

レジ前に並べられた焼き菓子はテイクアウトも可能

元倉庫の建物が癒やしの空間にリフォームされた

DATA Tel：0749-27-7751　滋賀県彦根市平田町790-3【営業時間】11:00～16:30　18:00～21:30（L.O. 21:00）【定休日】木曜日　アクセス／彦根城から車で10分　南彦根駅から847m

彦根城の桜と竹生島神社と共に行きたい美味4店舗!

◆◆
鳥喜多

[長浜市] 長浜駅より徒歩3分

親子丼の価値観を変えてくれるであろう、滋賀を代表する親子丼の名店。少し濃い味付けの和出汁のつゆは時間をかけて丁寧に作られ、そのつゆと柔らかい細切れの鶏肉、ネギが卵でとじられ絶妙に絡みあう。真ん中に乗った色の濃い卵黄を潰して混ぜると味がまろやかになり、違った味を楽しめる。鳥喜多といえば親子丼、親子丼といえば鳥喜多と言われるほどの人気メニューである。価格も良心的で、人気の「親子丼」が¥580、大好評の「かしわ鍋」が¥420と気軽に食べられるのも魅力だ。

卵でとじて、さらに卵黄のせの贅沢!

丼物だけでなく、うどんメニューもある。どれもお手頃な値段だ

格式を感じるような、シンプルで洗練されたしっかりとした外観

DATA Tel : 0749-62-1964　滋賀県長浜市元浜町8-26【営業時間】[月〜金] 11:30〜14:00 16:30〜19:00 [土・日・祝] 11:30〜13:30 16:30〜19:00（材料がなくなり次第終了）【定休日】火曜日　アクセス／JR北陸本線長浜駅より徒歩3分

◆◆
Cafe Gold Coast

[彦根市] 彦根駅より徒歩10分

彦根に来た際には是非立ち寄りたいスイーツのお店。可愛く彩られたフレンチトースト、パンケーキメニューが豊富な、特に女子に大人気のカフェ。写真はフレンチミックスベリーのフレンチトースト（¥800）。甘さ控えめのミックスベリーソースとあったかいフレンチトースト、そして、さっぱり甘いクリームとの相性はバッチリでクセになる美味さ。オーダーが来てから1枚ずつ丁寧に焼くため焼きたての一番美味しいタイミングで食べられる。スタイリッシュにデザインされた店内はほぼ全席がソファーという、居心地の良いくつろぎ空間となっている。

ジューシーなフレンチトースト!

アップル、イチゴ、ピーチ、マンゴーティーの茶葉が並ぶ

ブルーの壁に、ソファーが並ぶ、落ち着いた店内

木製の手作り感のある壁が暖かみを演出している

DATA Tel : 0749-20-9370　滋賀県彦根市松原石持1849-10【営業時間】10:00〜18:00 (L.O.17:00)【定休日】水曜日　アクセス／彦根駅より徒歩10分　彦根城より徒歩14分

兵庫の旅

鳴門の渦潮と
日本誕生の原点
沼島へ

例えばこんなプラン！

1日目

レンタカー　¥9,180
神戸市内〜観潮船のりば　¥6,280
うずしおクルーズ　¥2,000
鳴門市内　宿泊　¥5,500

2日目

鳴門市内〜沼島汽船 土生待合所　¥1,180
沼島汽船 土生待合所〜沼島（船）¥470
沼島　散策
沼島〜沼島汽船 土生待合所（船）¥470
土生〜神戸市内　¥4,890

合計　¥29,970
（食費＋自宅までの往復交通費は入っていません）

絶景 鳴門の渦潮 ▶ 沼島
兵庫県南あわじ市と徳島県鳴門市の間にある鳴門海峡

🚗 車
観潮船のりばから鳴門北IC 神戸淡路鳴門自動車道　西淡三原IC 下車、島気船のりばから乗船（所要時間 13 分、総距離 17.2km、料金￥1,440 円［普通車］別途、乗船代）

パワースポット 沼島 ▶ 鳴門の渦潮
兵庫県南あわじ市沼島

🚗 車
島気船のりばから乗船から西淡三原IC 神戸淡路鳴門自動車道 鳴門北IC 下車、料金所を出て、鳴門公園方面へ左折、約4分で観潮船のりば（所要時間 13 分、総距離 17.2km、料金￥1,440［普通車］）

美味 絶景レストラン　うずの丘
Tel：0799-52-2888　兵庫県南あわじ市福良丙 936-3【営業時間】11:00 〜 15:30（L.O.15:00）※延長あり【定休日】無休　アクセス／淡路島南IC 下車後、3分程度　福良港より車で10分（無料シャトルバスも有）

石窯ピザ丸
Tel：050-5872-6002　兵庫県南あわじ市榎列小榎列 409-7【営業時間】11:30 〜 14:00　18:00 〜 21:00【定休日】水曜日　アクセス／車・バス（カーナビ検索で表示される「ほっともっと 淡路三原」と同じ敷地内）

あわじ島バーガー
淡路島オニオンキッチン 本店
Tel：0799-52-1157　兵庫県南あわじ市福良丙 947-22 道の駅うずしお【営業時間】通常 9:30 〜 16:30　土・日・祝 9:00 〜 17:00【定休日】無休　アクセス／神戸淡路鳴門自動車道→淡路島南IC で下りて左折し、県道25号へ→突き当りを右折し、県道237号を道なりに進んだ先（淡路島南IC 下車後、5分程度）

滋賀の旅

ピンクの彦根城と
琵琶湖に浮かぶ
竹生島神社へ

例えばこんなプラン！

1日目
大津駅〜長浜駅　¥1,140
長浜港〜竹生島（フェリー）¥400
竹生島神社　散策
竹生島〜長浜港（フェリー）¥400
長浜市内 宿泊　¥4,700

2日目
長浜駅〜彦根駅　¥240
彦根城　散策
彦根駅〜大津駅　¥970

合計　¥7,850
（食費＋自宅までの往復交通費は入っていません）

絶景　彦根城の桜 ▶ 竹生島神社　滋賀県彦根市金亀町1-1

🚆 **電車 & フェリー**
彦根駅乗車、JR東海道本線 長浜駅下車、徒歩10分、
長浜港より乗船（所要時間40分、料金 ¥240）

🚗 **車**
中濠東西通りから国道306号線、彦根ICで名神高速道路
へ。米原JCT経由、北陸自動車道。木之本ICから塩津街道、
国道303号線、県道512号線と進み竹生島 到着［所要時間
55分、総距離 52.5km、料金 ¥990［普通車］、ETC ¥690］

パワースポット　竹生島神社 ▶ 彦根城の桜　滋賀県長浜市早崎町1665

🚆 **電車 & フェリー**
長浜港より徒歩10分、JR長浜駅からJR東海道本線で
彦根駅 下車、徒歩10分（所要時間40分、料金 ¥240）

🚗 **車**
国道303号線から塩津街道を進み、木之本ICで北陸自動車
道へ。米原JCTで名神高速道路へ。彦根ICから中濠東西通
り経由、彦根城 到着（所要時間55分、総距離 52.5km、
料金 ¥990［普通車］、ETC ¥690）

美味

翼果楼
Tel：0749-63-3663　滋賀県長浜市元浜町7-8【営業時
間】11:00〜17:00（売り切れ次第終了）【定休日】月曜日（月
曜が祝日の場合は火曜休み）　アクセス／JR琵琶湖線長浜
駅より徒歩5分

鳥喜多
Tel：0749-62-1964　滋賀県長浜市元浜町8-26【営業時
間】【月〜金】11:30〜14:00 16:30〜19:00 ［土・日・
祝］11:30〜13:30 16:30〜19:00（材料がなくなり次第終
了）【定休日】火曜日　アクセス／JR北陸本線長浜駅より徒
歩3分

51CAFE
Tel：0749-27-7751　滋賀県彦根市平田町790-3【営
業時間】11:00〜16:30　18:00〜21:30（L.O.
21:00）【定休日】木曜日　アクセス／彦根城から車で10
分　南彦根駅から847m

Cafe Gold Coast
Tel：0749-20-9370　滋賀県彦根市松原石持1849-10
【営業時間】10:00〜18:00（L.O.17:00）【定休日】水
曜日　アクセス／彦根城より徒歩14分　彦根駅より徒歩
10分

茨城県 一宮：鹿島神宮（P22 へ）

石川県 一宮：白山比咩神社（P54 へ）

新潟県 一宮：弥彦神社（P46 へ）

千葉県 一宮・香取神宮（P22 へ）

column 一宮～その国で最も格式の高い神社

　一般的に神社の一宮（いちのみや）といいますと、ひとつの地域の中で最も社格の高いとされる神社のことであり、一の宮・一之宮などとも書くとされています。ほかの資料によりますと、一宮の起源は奈良時代に始まり、国司（現代ですと県知事のような役職）が任命された地域に赴任したときなどに巡拝する神社の順番とされています。これらは平安中期から鎌倉初期までに少しずつ整っていった制度だとのことです。
　どの神社を一宮にするかは、由緒、歴史の深い神社、または多くの人たちから信仰されている神社に自然と階級的序列が生まれて、その首位にあるものが一宮と呼ばれ、二番目に参る神社を二宮、三番目を三宮と呼ばれるようになったのだといわれています。律令制度（1）が崩壊していった後も、その地域の第一の神社として一宮

などの名称は使われ続けていきましたが、時代によって一宮が変遷したり、同時期に二つ以上の神社が一宮を争っていたりしていたのだといわれています。令制国（2）の一宮の次に社格が高い神社を二宮、さらにその次を三宮のように呼び、更に一部の国では四宮以下が定められていた事もあるそうです。（上野国には、九宮まであります）

（※1）律令制度とは律令に基づく古代統一国家の統治体制のことです。
（※2）令制国（りょうせいこく）とは、律令制に基づいて設置された日本の地方行政区分であり、律令国（りつりょうこく）ともいいます。奈良時代から明治初期まで、日本の地理的区分の基本単位でした。

諸国一宮

1. 原則的には令制国一国あたり一社だとされています。
2. 祭神には国津神系の神さまが多く、開拓神として土地と深いつながりを持っており、地元民衆の篤い崇敬対象の神社から選定されたものだといわれています。
3. 全ての神社が「延喜式神名帳」の式内社の中から選定された一社です。
4. 神さまの位には関係がなく、小社も一宮になる場合もあります。

諸国一宮　一覧

宮城県	志波彦神社・鹽竈神社
山形県	鳥海山大物忌神社
福島県	石都都古別神社・都都古和気神社
京都府	賀茂別雷神社・賀茂御祖神社
	出雲大神宮・籠神社
奈良県	大神神社
大阪府	枚岡神社・大鳥神社・住吉大社・坐摩神社
三重県	敢国神社・椿大神社・都波岐奈加等神社
	伊雑宮・伊射波神社
愛知県	真清田神社・砥鹿神社
静岡県	事任八幡神社・富士山本宮浅間神社
	三嶋大社・小国神社
山梨県	浅間神社
東京都	小野神社
神奈川県	寒川神社
埼玉県	氷川神社
千葉県	安房神社・洲崎神社・玉前神社・香取神宮
茨城県	鹿島神宮
滋賀県	建部神社
岐阜県	南宮大社・水無神社
長野県	諏訪大社
群馬県	貫前神社
栃木県	日光二荒山神社・宇都宮二荒山神社
	都都古別神社
福井県	若狭彦神社・若狭姫神社・気比神宮
石川県	白山比咩神社・気多大社
富山県	高瀬神社・気多神社・雄山神社・射水神社
新潟県	弥彦神社・居多神社・度津神社
兵庫県	出石神社・粟鹿神社・伊和神社
	伊弉諾神宮
鳥取県	宇部神社・倭文神社
島根県	出雲大社・物部神社・水若酢神社
	由良比女神社
岡山県	中山神社・吉備津彦神社・吉備津神社
広島県	素盞嗚神社・厳島神社・吉備津神社
山口県	玉祖神社・住吉神社
和歌山県	日前神宮・国懸神宮・伊太祁曽神社
	丹生都比賣神社
徳島県	大麻比古神社
香川県	田村神社
愛媛県	大山祇神社
高知県	土佐神社
福岡県	住吉神社・筥崎宮・高良大社
大分県	宇佐神宮・西寒多神社・柞原八幡宮
佐賀県	千栗八幡宮・與止日女神社
熊本県	阿蘇神社
宮崎県	都農神社
鹿児島県	鹿児島神宮・枚聞神社・新田八幡宮
長崎県	天手長男神社・海神社

全国一の宮会加盟社

諸国一宮一覧以外の全国一の宮会に加盟されている神社の一覧

大阪府	坐摩神社
愛知県	大神神社
神奈川県	鶴岡八幡宮
埼玉県	氷川女体神社
千葉県	洲崎神社
島根県	熊野大社
岡山県	石上布都魂神社
広島県	素盞嗚神社

新一の宮

近代になって一宮とされた神社

北海道	北海道神宮
青森県	岩木山神社
岩手県	駒形神社
福島県	伊佐須美神社
埼玉県	秩父神社
沖縄県	波上宮

那智の滝
Nachinotaki

[和歌山県] 古来から崇められてきた延命長寿の水

絶景

落差・水量ともに日本一を誇る名瀑！
飛瀧神社のご神体とされた霊場で自然の偉大さと神秘に浸る

那智の滝は和歌山県東牟婁郡那智勝浦町の那智川中流にかかる滝で、那智四十八滝のひとつ。那智山における修験道の重要な行場であり、その正確な位置は長い間、人々には知らされていなかった。落差、水量ともに日本一を誇り、熊野那智大社の別宮、飛瀧神社のご神体として崇められ、日本三大名滝のひとつでもある。滝壺近くへは那智山上にある飛瀧神社の鳥居をくぐって、老杉に囲まれた石段を降りていく。毎年7月9日と12月27日には古来から続く神事「御滝注連縄張替行事」が行われ、大晦日にはライトアップもされる。ユネスコ世界遺産「紀伊山地の霊場と参詣道」としても登録されている。

高さ・水量ともに日本一

那智の滝は日本一の落差を誇る名瀑だ。垂直の断崖に沿って落下し、落差133m、滝壺の深さは10mにもなる。毎秒1t以上もの水量があり、その水は古くから延命長寿の霊験があると信じられている。那智山中腹からの遠景から観るのもおすすめだ。

青岸渡寺の三重塔と那智の滝。滝を借景にした三重塔の美しさには心が洗われる

山岳修行の一大霊場である熊野那智大社から拝む那智の滝

那智山原始林

博物学者の南方熊楠（みなかたくまぐす）が粘菌の採取を行ったことでも知られる那智山原始林。那智の滝の東に広がる森で、1928年には国の天然記念物に指定されている。群生する植物は300種以上ともいわれ、希少な植物も確認されている。

滝へは熊野那智大社の別宮、飛瀧神社の鳥居をくぐって石段を降りていく

ワンポイントアドバイス

修験道の行場であり、正確な位置は長い間知らされていなかった。現在は那智の滝に向かう途中の大門坂近くから遊歩道があり、歩いて行く事ができる。太閤・秀吉も愛した壮麗なる寺院の青岸渡寺、熊野三山のひとつ熊野那智大社、どちらのポイントからも見て欲しい。

岩盤に切れ目があり三つに分かれて流れ落ちるところから、三筋の滝とも呼ばれる

那智四十八滝の一つで、三十七番目の陰陽の滝。那智の滝の近くにある

那智の滝	ベストシーズン
	通年 （特に紅葉シーズンがおすすめ）

スケジュール
- 4月14日　桜花祭（熊野那智大社）
- 7月9日　御滝注連縄張替式（熊野那智大社）
- 11月14日　紅葉祭（熊野那智大社）
- 12月31日　那智の滝ライトアップ及び除夜祭

お問い合わせ
那智勝浦町観光協会
Tel：0735-52-5311　和歌山県東牟婁郡那智勝浦町築地6丁目1番地1
熊野那智大社
Tel：0735-55-0321　和歌山県東牟婁郡那智勝浦町那智山1
那智山青岸渡寺
Tel：0735-55-0001　和歌山県東牟婁郡那智勝浦町那智山8

アクセス　和歌山県東牟婁郡那智勝浦町那智山
アクセス／紀伊勝浦駅から熊野交通路線バス「那智山行き」で約30分、「那智の滝前」バス停下車、徒歩5分（石段で降ります）
車では、国道42号線より県道への入口より約25分。

熊野本宮大社
Kumanohongu Taisha

パワースポット

[和歌山県] 今、人生再出発の時

全ての道は本宮に通ずる。世界遺産・熊野古道の終着点
人生を再出発したい方におすすめの蘇りの地

全ての熊野古道の中心に位置する熊野本宮大社は、全国に三千数百ある熊野神社の大元「熊野三山」の一社だ。熊野三山とは熊野速玉大社、熊野那智大社、熊野本宮大社の総称である。平安時代以降は熊野全体が仏教でいう浄土の地とみなされ、多くの皇族・貴族が繰り返し熊野を詣でた。例えば白河上皇は9回、鳥羽上皇23回、後鳥羽上皇29回、後白河上皇は最多の34回も熊野に参詣した。仏教で前世からの罪の報いと嫌われたハンセン病患者を受け入れ、死や女性の生理の血を不浄としないなど、懐の広い聖地である。本宮で注目のパワースポットはまず入口鳥居から石段までの参道。まるで多くの龍神が出入りしているかのような浮遊感と疾走感のあるエネルギーだ。祓戸大神と刻まれた石碑の建つ社は、御本殿に行く前にお参りして心魂の不浄を祓う場所。手水舎の向かいから「祈りの道」という熊野古道の一部が参道と並行してあり、帰り道にでも木と土の雰囲気を感じてみると良い。神門の中は、上四社と呼ばれる第一殿から第四殿までの御本殿と、向かって右端にひっそりと満山社という社がある。満山社を見逃す人が多いが、ここは2本のご神木のエネルギーなどで気持ち良く、おすすめだ。社務所で申し込む拝殿でのご祈祷もおすすめで、御本殿から熊野のご神気が呼び込まれてくる。

お祭りされている神様

- 家都美御子大神（ケツミコノオオカミ）
- 夫須美大神（フスミノオオカミ）
- 速玉大神（ハヤタマノオオカミ）
- 天照大神（アマテラスオオカミ）

仏教と融合し、主祭神として第三殿に祭られる家都美御子大神＝スサノオノミコトは来世を浄土へと導く阿弥陀如来、那智の神である第一殿の夫須美大神＝イザナミノオオカミは現世での縁を結ぶ千住観音、第二殿の速玉大神＝イザナギノオオカミは前世からの病を癒す薬師如来と同一視される。

御利益ポイント

熊野三山はともに国土安穏を御神徳とするが、中でも熊野本宮大社は出世・家門繁栄に御利益があり、多くの権力者が参拝してきた。またこの辺りは日本最古といわれる湯の峰温泉があり、不治の病にかかった人達が、蘇生への一縷の望みを託して湯治に訪れた地でもあった。

熊野本宮大社がかつて存在した大斎原（おおゆのはら）の日本一高い大鳥居

本殿に続く158段ある石段の参道。奉納された熊野大権現の旗が両脇に

このパワースポットのマナー

こちらの主祭神は真っ直ぐで、嘘を嫌う。主祭神を祭る第三殿は証誠（しょうじょう）殿と言うが、証誠とは嘘を言わない・誠実であるという意味になる。御守りの熊野牛王符（くまののごおうふ）は、裏面に約束事を書いて「熊野誓紙」という誓約書として使われることもある。

石段の途中左手にある祓戸大神の石碑。ここで罪穢れを取り除いてから本殿へ

「祈りの道」も熊野古道の一部だが、参道と休憩所の間にあるごく短い道のり

近くのおすすめスポット

熊野詣では、熊野本宮大社から熊野川を下って速玉大社、那智大社とめぐるのが昔から定番だ。和歌山市の日前神宮・國懸神宮は、三種の神器のひとつヤタノカガミと同等の鏡をご神体として祭る。紀伊国では最も格式ある神社であり、熊野詣での途中で参拝されることもあった。

ご祈祷が行なわれる拝殿。拝殿手前の両脇にある亀石と大黒石もパワーあり

神門と呼ばれるこの門の奥に、主祭神が祭られる第三殿がのぞいている

熊野本宮大社	参拝時間

約90分

おすすめ参拝順路
1. 入口鳥居
2. 祓戸大神
3. 神門
4. 第三殿
5. 第一殿
6. 第二殿
7. 第四殿
8. 満山社
9. 拝殿
10. 祈りの道
11. 大斎原

[アクセス] 和歌山県田辺市本宮町1110

[車] 吹田ICから海南・湯浅道路経由、南部ICから国道42号を南下、田辺市・上富田町朝来より国道311号にて本宮へ [電車] JRきのくに線紀伊田辺駅下車、龍神バス本宮大社行きで約1時間50分、本宮大社前下車すぐ

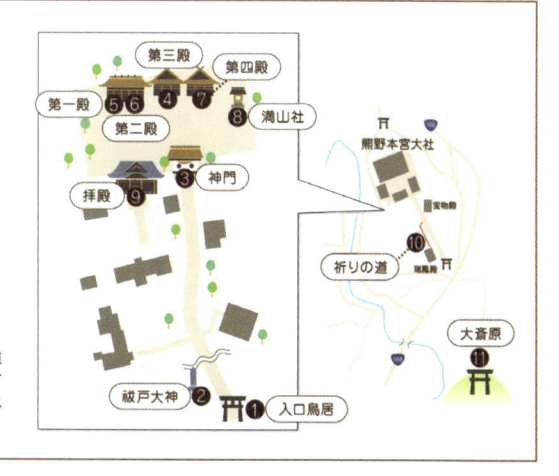

自然の恵みを堪能できる和歌山

美味

一皿一皿に優しさと温もり

ベーグルサンドイッチプレートセット¥1,000

天然素材のウェアや天然石ジュエリーなども販売

熊野本宮大社から歩いて5分ほど。地元客も多い

◆◆ カフェ・ボヌール

[田辺市] 熊野本宮大社から徒歩5分

熊野詣の前に、または後にゆったりとくつろぐ美味のひとときを。ベジタリアンの外国人観光客も多く訪れるという店内はバリアフリーで盲導犬も受け入れ、授乳室もある等、Bonheur（ボヌール＝幸福）という名のとおりの優しい店づくりのコンセプト。写真の薬膳粥プレートセット（黒蜜寒天デザート付¥850）は、湯の峰温泉の湯で炊いたお粥のセットで、一品一品愛情が感じられ身体と心にとても優しいメニューだ。ハンバーグやグリーンカレーも人気で、ハーブティーや有機栽培コーヒーなどのドリンクの種類も豊富。

DATA Tel：0735-42-1833　和歌山県田辺市本宮町本宮436-1【営業時間】11：00～17：00　ディナー17：00～19：00（ディナーのみ要予約）【定休日】水曜日　アクセス／紀伊田辺駅より、車で約1時間、路線バスで約1時間50分。新宮駅より車で約45分、路線バスで約1時間20分

◆◆ 茶房珍重庵 本宮店

[田辺市] 熊野本宮大社前 瑞鳳殿内

熊野本宮大社の入り口にある和菓子、和食の名店。写真のもうでそば（¥735）はしゃきっとした大根に、梅の酸味とほんのり柚子が香るあっさりとした味の熊野参拝にかかすことが出来ない逸品。その他に高菜の浅漬けの葉でご飯を包んだ郷土料理の、めはり寿司（吸い物付¥650）や山菜うどん（¥735）などもおススメ。名物のもうで餅は参拝後にお抹茶と一緒に頂くもよし、お土産（箱入りは9個入り¥880）にもよしの一品。お店に並ぶその日の早朝に製造しており、通信販売は受けておらず熊野三山側の店舗のみでの限定販売。

梅の酸味が食欲をそそる！

DATA Tel：0735-42-1648　和歌山県田辺市本宮町本宮1110【営業時間】9：00～16：00【定休日】水曜日（8月無休）アクセス／紀伊田辺駅より、車で約1時間、路線バスで約1時間50分、本宮大社前下車、瑞鳳殿内

こしあんを包んだお餅に玄米粉をかけた、もうで餅

峠茶屋を思わせる赤い大きな和傘が目印

すべての祈りの道は熊野本宮大社に通ずと言う

那智の滝と熊野本宮大社と共に行きたい美味4店舗!

地元の旬の食材を
バイキングで

プリン、ゼリー、白玉ぜんざいなどデザートも豊富

広々とした明るい店内でバイキングをたっぷり楽しんで

家族連れやグループでもなごみのひととき

◆◆ 健康バイキング和わ

[田辺市] 紀伊田辺駅より車で12分

地元の安心・安全なオーガニックの旬の食材で究極の和みを提供したい〜そんな願いが込められている「和わ(わわ)」。すべて手作りのバイキング料理(大人¥1,430)は、自家製ローストポーク、季節野菜の鉄板焼き、豆腐ハンバーグ、季節のチキンドリア、だし巻風オムレツのみぞれあんかけ、各種デザートなど50種類以上の豊富な料理が並ぶ。有料ドリンク、アルコールも用意されており、窓の外に一面に広がる海を見ながらの食事はまさに至福のひととき。平日は90分制、土日祝日、お盆や年末年始は60分制となる。

DATA Tel:0739-33-7763 和歌山県田辺市新庄町北内ノ浦3076-1 海鮮せんべい南紀内【営業時間】11:00〜16:00(受付15:00まで)【定休日】無休 アクセス／南紀田辺インターより車で15分。JR白浜駅より車で6分。JR紀伊新庄駅より車で8分。JR紀伊田辺駅より車で12分。

◆◆ よし平 いなり店

[田辺市] 紀伊田辺駅 車で8分

よし平は、とうもろこしで育った豚の肉を使用した厚切りとんかつを提供する地元でも人気のお店。米油で揚げたかつは衣もサクサクで脂の乗った豚の肉汁が溢れ出す逸品。写真のチーズ豆乳コロッケと海老ヒレ膳(¥1,490税込)は、濃厚チーズとマイルドな豆乳が絡み合うコロッケとプリプリで歯ごたえのある海老フライ、上品な味わいのヒレカツでご飯が止まらない。写真に写っているとんかつ以外はおかわり無料で、コシヒカリと十穀米の2種、お味噌汁の具は、なめこか田辺特産のひとはめワカメから選べる。もちろんキャベツとお漬物も食べ放題。

クリーミーな
チーズ豆乳!

DATA Tel:0739-81-0022 和歌山県田辺市稲成町28-21【営業時間】11:00〜14:30 17:00〜21:00【定休日】木曜日(祝日の場合は翌日)アクセス／JR紀勢本線(きのくに線)紀伊田辺駅 車で8分、徒歩20分

トンカツと海老フライの平日限定、満腹ランチ¥1,026

大かまどで炊き上げたご飯もこの店のこだわりの一品

カウンター、テーブル席の他に座敷席もある

吉野山の桜
Yoshinoyama no Sakura

絶景

[奈良県] 世界遺産に咲き乱れる3万本の桜

世界遺産に登録された桜の名所。3万本ものヤマザクラが
咲き誇る聖地で、大自然と文化遺産を堪能する

吉野山は平安期より日本有数の桜の名所として知られる。吉野山の桜は下千本、中千本、上千本、奥千本と下から順に咲き始め、シロヤマ桜を中心に約3万本もの桜が山々を覆いつくし、満開時には「一目千本」とも言われる豪華さで咲き誇る。おおよそ4月に入ってから下千本で咲き始め、10日ほどで奥千本まで咲き誇る。この地は古くから修験道の霊場とされ、2004年にはその雄大な大自然と文化遺産が評価されユネスコ世界遺産に登録された。下・中千本の遊歩道で間近に見るのもいいが、吉野水分神社がある上千本あたりから見下ろすのがおすすめだ。

桜満開の理由

吉野山の桜は1300年も前から蔵王権現のご神木として崇められてきた。修験道の行者達が桜材を使い権現を彫刻し祀る習わしがあり、寄進献木によって数を増やしてきた。日本に古来から自生するシロヤマザクラを中心に約200種3万本の桜が密集している。

吉野山とは？

奈良県の中央部・吉野郡吉野町にある吉野山。南北に続く約8キロメートルに及ぶ尾根続きの山稜の総称で、社寺が点在する広域地名でもある。2004年に吉野山・高野山から熊野にかけてが『紀伊山地の霊場と参詣道』としてユネスコ世界遺産に登録された。

ワンポイントアドバイス

吉野町のホームページ（www.town.yoshino.nara.jp）では吉野山桜開花情報を出しているので、開花の時期が一目でわかる。朝や昼間もとても奇麗だが、桜の開花に合わせて夜桜のライトアップも行われており、明るい時とは違った幽玄な雰囲気に包まれているのでそちらも是非チェックして欲しい。

上千本にある吉野水分神社（よしのみくまりじんじゃ）から見る吉野山の桜はおススメ。吉野町吉野山1612

朝日に輝く3万本のヤマザクラは、何とも言えぬ感動を与えてくれる

吉野山の特産品、吉野葛くずもちはお茶受けに重宝なお菓子として好評

吉野山の桜

ベストシーズン
4月上旬～中旬
（開花期）

お問い合わせ
吉野山観光協会
奈良県吉野郡吉野町吉野山2430
Tel：0746-32-1007
営業時間：平日9:00～16:00
休：土日祝

4月4日～4月29日　桜まつり・桜ライトアップ（吉野山全域）
※桜の開花時期によって変更あり。吉野の桜が開花しはじめる頃からイベントやライトアップなどを山全体がにぎわう。

アクセス 奈良県吉野郡吉野町吉野山2430
[車] 西名阪道柏原IC下車、国道165号・169号経由 [電車] JR京都駅乗り換え、近鉄特急 吉野駅下車、徒歩15分

パワースポット

石上神宮
Isonokami Jingu

[奈良県] 起死回生の神剣力

研ぎ澄まされたエネルギーに心身が引き締まる
神剣を祭る地で、己の魂をみがきたい方におすすめ

静けさ、鋭さ、清潔さ。そんな言葉が似合う石上神宮は、己の心身を研ぎ澄ませて、直感力や集中力、理性的な態度といった精神性を高めたい人達におすすめの神社だ。同じ奈良の大神神社と共に日本最古の神社のひとつとされ、日本書紀で神宮と記されるのは伊勢神宮と石上神宮のみである。古代日本の軍事と神事を司っていた物部氏の総氏神・本拠地として、武器庫の役割も果たしてきた。そのためかお祭りしている神様も剣である。その剣とは出雲の国譲り神話でタケミカヅチ（鹿島神宮の神）が日本平定に用いた神剣・布都御魂（フツノミタマ）だ。神武東征神話では、高千穂から熊野まで遠征して仮死状態におちいった神武天皇軍を救うために、タケミカヅチからタカクラジ（物部氏初代の兄；弥彦神社の神）にその神剣が授けられ、神武天皇が日本の初代天皇となるのに決定的な役割を果たした。そんな由緒ある神社だが、要チェックのパワースポットは神杉。拝殿向かって左手の門のそばにある大きな杉の木だが、建物や木々に隠れて目立たず、大半の参拝客は気がつかない。もうひとつ要チェックなのは立派な楼門の向かいにある四つの摂社で、特に三種の神器のひとつである神剣・草薙剣の御霊を祭る出雲建雄神社は、拝殿・神杉と並ぶパワースポットである。

お祭りされている神様

- 布都御魂大神（フツノミタマノオオカミ）
- 布留御魂大神（フルノミタマノオオカミ）
- 布都斯魂大神（フツシミタマノオオカミ）

フツノミタマはタケミカヅチが用いた神剣で、香取神宮の神様フツヌシと同一視されることも。フルノミタマは物部氏の祖神ニギハヤヒが天の神から授けられた十種の宝で、天皇の鎮魂祭に用いた。フツシミタマはスサノオがヤマタノオロチの退治に用いた神剣である。

御利益ポイント

健康長寿・病気平癒・除災招福・百事成就の守護神である。鎮魂祭は天皇陛下の鎮魂、すなわち魂に活力を与え、祭祀を執り行うための霊力を高めるためのものだが、我々一般の人間も石上神宮のお力で鎮魂される。心の内側からフツフツと力がわいてくるだろう。

緑深い避暑地に来たような、鳥のさえずりが聞こえる石上神宮の入口

後醍醐天皇の時代に建立された、国の重要文化財に指定されている楼門

このパワースポットのマナー

静かな中にぴりっとした鋭さもある、清らかに澄み切った空間であり、そうした場を乱すような言動は慎みたい。もっとも誰に注意される事も無く、おのずと心が引き締まると思うので、無理に明るく騒々しい態度を取らずに、感じたまま素直にいることだ。

時を告げるニワトリ数十羽が放し飼いにされ、参道など境内各所を闊歩

存在感のある牛像。実は神社の由緒とは関係無く奉納されたもの

近くのおすすめスポット

石上神宮は古事記や万葉集にも出てくる古道「山の辺の道」の中間点にあり、石上神宮から大神神社までの約10kmの自然歩道は気持ちの良いハイキングコースである。三輪山をご神体とする大神神社、伊勢神宮の起源とされる檜原神社、古墳など、いかにも奈良らしい道のりだ。

拝殿から向かって左の門外にある神宿る杉の木。素晴らしいのひとこと

神剣・草薙剣の御霊を祭る出雲建雄神社。天武天皇の時代に創建された

石上神宮	参拝時間
	約 25 分

おすすめ参拝順路
① 大鳥居
② 楼門
③ 拝殿
④ 神杉
⑤ 出雲建雄神社
⑥ 猿田彦神社
⑦ 天神社
⑧ 七座社
⑨ 鏡池

アクセス 奈良県天理市布留町384
[車] 東名阪自動車道 四日市JCT経由、名阪国道 天理東ICから約5分 [電車] 近鉄奈良線 大阪難波駅より乗車、大和西大寺駅で乗換え、天理駅下車、徒歩約30分、タクシー約10分

歴史が見える、美味しさを感じる奈良

◆◇ 奈良町豆腐庵こんどう

[奈良市] 近鉄奈良駅より徒歩10分

豆腐を専門に扱う近藤豆腐店が運営する、豆腐料理専門店。店内で味わえるのは厳選した国産大豆と伊豆大島産海精にがりを使用したこだわりの豆腐。写真の「湯豆腐と豆腐料理12品・飯物・甘味のコース（¥4,617）」では、これでもかというほどの豆腐料理の数々を堪能できる。ボリュームもありそれぞれの料理は濃厚だが全体的にあっさりで上品な味付けのためか不思議と箸が止まらない。メインとも言える「湯豆腐豆乳仕立て」は甘味のある湯豆腐とコク深い豆乳を同時に楽しめ、嬉しいことにおかわりも可能。

うわぁ、豆腐の宝石箱や〜！

とろけるような上品な甘さが人気の湯豆腐豆乳仕立て

築180年ながらスタイリッシュな和を意識した内装

ここだけ時間の流れが違うような、趣きのある外観

DATA Tel：0742-26-4694　奈良県奈良市西新屋町44【営業時間】17:00〜22:00（最終入店は20:30）【定休日】月曜日（祝日の場合は火曜が振替定休）アクセス／近鉄奈良駅より徒歩10分　JR関西本線奈良駅より徒歩15分　市内循環バス「田中町」下車、徒歩5分

◆◇ 萬御菓子誂処 樫舎

[奈良市] 近鉄奈良駅より徒歩10分

歴史的町並みが残る「ならまち」で営業する、風情のある古民家を利用した人気の和菓子のお店。国内のみならず海外からのお客さんも多い。色とりどりの鮮やかな和菓子たちは購入、持ち帰りでき、また店内では提供される和菓子をお茶と一緒にいただくことも可能。写真の「珈琲と季節の生菓子（¥864）」ではケニア産のブラック珈琲と、それによく合うその季節の旬の生菓子を堪能できる。可愛らしいピンクの和菓子は「みよしの葛焼き（単品¥378）」。柔らかな質感とみずみずしい優しい甘さが魅力で、数ある品のなかでも独特の味わいが楽しめる。

ふるふる食感のピンク色の和菓子

上から1階を覗いた様子。2階はくつろげる空間に

和の情緒を優雅に楽しめる、素朴な造りの店内

店前から窓越しに扱っている旬の和菓子を確認できる

DATA Tel：0742-22-8899　奈良県奈良市中院町22-3【営業時間】9:00〜18:00【定休日】無休　アクセス／近鉄奈良駅より徒歩10分

吉野山の桜と石上神宮と共に行きたい美味4店舗!

◆◆ メリッサ

[天理市] 天理インターから車で10分

日本最古の道と言われる山の辺の道沿いにある隠れ家的なカフェ。マクロビオティック講師の資格を持った母娘で営んでいるだけに、野菜はオーガニックの自家製、調味料も自然発酵のものを使用しているなど身体に優しいヘルシーな料理を提供している。そんな手間隙をかけ調理されたランチは完全予約制で¥1,500。魚をメインにスープ、サラダなど全体的に優しい味付けでありながらも濃い薄いアッサリと変化に富んだ食事を、穏やかな空間のなかで楽しむことができる。ランチの内容は度々変わるため何度訪れても新鮮な感覚になるだろう。

DATA Tel：080-3811-0161　奈良県天理市中山町763【営業時間】水・木・金 10:00～16:00　土・日 10:00～17:00【定休日】月曜・火曜　アクセス／柳本駅から車で5分、1,005m。もしくは名阪国道の天理インターまたは天理東インターから南へ車で10分

体に優しく味は美味しく

ケーキセット（¥680）。スイーツ類も人気が高い

メリッサ自家製オリジナルのものを購入できるスペース

のどかな田園風景を窓から眺めながらリラックス

◆◆ 麺屋一徳

[天理市] 天理駅より徒歩8分

名古屋コーチンと地鶏をベースに魚介系を合わせたダブルスープに、小松菜と白髪葱、チャーシューがトッピングされた「塩らーめん（¥700）」は一押しの美味。鶏の旨みと魚介の風味が優しく溶け込んだ、上品であっさりでまろやかな口当たりは、女性でも汁を残さず平らげてしまうほど。細縮れ麺がよく絡み、より一層スープの深い味わいを引き立てている。そんな完成度の高いスープにご飯を投入し雑炊風にいただける「〆飯（¥180）」も大好評。店主が手際良く調理し作り出す一杯は、天理にくれば是非食してもらいたい。

旨味凝縮の黄金スープ！

DATA Tel：0743-62-2888　奈良県天理市川原城町372-2【営業時間】11:00～13:50　18:00～20:50（売切れ次第終了）【定休日】火曜日　アクセス／近鉄・JR天理駅より徒歩8分　駐車場はお店から離れた場所にあり（5台）

全席カウンター。店主が丹精込めてラーメンを作る

メインメニューは塩らーめんと醤油らーめんのみという潔さ

店名の入った丸い看板と白いのれんが目印

和歌山の旅

那智の滝と
蘇りの地
熊野本宮大社へ

例えばこんなプラン！

1日目
- 和歌山駅〜田辺駅　¥3,350
- 田辺駅〜本宮大社（バス）¥2,060
- 熊野本宮大社　参拝
- 本宮大社〜田辺駅（バス）¥2,060
- 田辺市　宿泊　¥7,800

2日目
- 紀伊田辺駅〜紀伊勝浦駅　¥3,350
- 紀伊勝浦駅〜那智の滝前（バス）¥620
- 那智の滝　散策
- 那智の滝前〜紀伊勝浦駅（バス）¥620
- 紀伊勝浦駅〜和歌山駅　¥5,800

合計　¥25,660
（食費＋自宅までの往復交通費は入っていません）

絶景　那智の滝 ▶ 熊野本宮大社　　和歌山県東牟婁郡那智勝浦町那智山

🚃 **電車**
「那智の滝前」バス停乗車、JR紀伊勝浦駅でJR紀勢本線乗車、紀伊田辺駅下車、龍神バス本宮大社行き、本宮大社前下車すぐ（所要時間4時間50分　乗車券¥1,660）

🚗 **車**
県道46号線から那智勝浦新宮道路→国道168号線→国道168号線と進み、熊野本宮大社　到着（所要時間1時間22分、総距離53.1km、料金¥0）

パワースポット　熊野本宮大社 ▶ 那智の滝　　和歌山県田辺市本宮町1110

🚃 **電車**
本宮大社前で龍神バスに乗車、紀伊田辺駅からJR紀勢本線　紀伊勝浦駅下車、熊野交通路線バス（那智山行き）で、約30分、「那智の滝前」バス停下車、徒歩5分（所要時間4時間50分　乗車券¥1,660）

🚗 **車**
国道168号線から那智勝浦新宮道路→県道46号線と進み那智の滝　到着（所要時間1時間22分、総距離53.1km、料金¥0）

美味　カフェ・ボヌール
Tel：0735-42-1833　和歌山県田辺市本宮町本宮436-1【営業時間】11：00〜17：00　ディナー17：00〜19：00（ディナーのみ要予約）【定休日】水曜日　アクセス／紀伊新宮駅より車で約1時間、路線バスで約1時間20分

茶房珍重庵 本宮店
Tel：0735-42-1648　和歌山県田辺市本宮町本宮1110【営業時間】9：00〜16：00【定休日】水曜日（8月無休）アクセス／紀伊田辺駅より、車で約1時間、路線バスで約1時間50分、本宮大社前下車、瑞鳳殿内

健康バイキング和わ
Tel：0739-33-7763　和歌山県田辺市新庄町北内ノ浦3076-1　海鮮せんべい南紀内【営業時間】11：00〜16：00（受付15：00まで）【定休日】無休　アクセス／南紀田辺インターより車で15分。JR白浜駅より車で6分。JR紀伊新庄駅より車で8分。JR紀伊田辺駅より車で12分。

よし平 いなり店
Tel：0739-81-0022　和歌山県田辺市稲成町28-21【営業時間】11：00〜14：30　17：00〜21：00【定休日】木曜日（祝日の場合は翌日）アクセス／JR紀勢本線（きのくに線）紀伊田辺駅 車で8分、徒歩20分

奈良の旅

> 吉野山の桜と神剣を祭る石上神宮へ

例えばこんなプラン！

1日目
近鉄奈良駅〜吉野駅　¥1,750
吉野山　散策
吉野山　周辺　宿泊　¥9,000

2日目
吉野駅〜天理駅　¥720
石上神宮　散策
天理駅〜近鉄奈良駅　¥210

合計　¥11,680
（食費＋自宅までのd往復交通費は入っていません）

絶景　吉野山の桜 ▶ 石上神宮　奈良県吉野郡吉野町吉野山2430

🚃 **電車**
徒歩15分、近鉄特急 吉野駅乗車　近鉄吉野線急行、橿原神宮前駅乗り換え、近鉄橿原線急行、平端駅乗り換え 近鉄天理線　天理駅下車（所要時間1時間42分　料金¥720）

🚗 **車**
県道15号線から県道167号線→県道39号線→県道37号線→伊勢街道→県道15号線→県道28号線→県道37号線→県道15号線→県道51号線と進み、石上神宮 到着（所要時間1時間5分、総距離31.8km、料金¥0）

パワースポット　石上神宮 ▶ 吉野山の桜　奈良県天理市布留町384

🚃 **電車**
近鉄 天理駅乗車、平端駅乗り換え 近鉄橿原急行、橿原神宮前駅乗り換え 近鉄吉野急行 吉野駅下車、徒歩15分（所要時間1時間42分　料金¥720）

🚗 **車**
県道51号線から国道169号線→安部木材団地5号→県道37号線→県道28号線→伊勢街道→県道37号線→県道39号線→県道15号線と進み、吉野山 到着（所要時間1時間5分、総距離31.8km、料金¥0）

美味　奈良町豆腐庵こんどう
Tel：0742-26-4694　奈良県奈良市西新屋町44【営業時間】17:00〜22:00（最終入店は20:30）【定休日】月曜日（祝日の場合は火曜が振替定休）アクセス／近鉄奈良駅より徒歩10分　JR関西本線奈良駅より徒歩15分 市内循環バス「田中町」下車、徒歩5分

萬御菓子誂処 樫舎
Tel：0742-22-8899　奈良県奈良市中院町22-3【営業時間】9:00〜18:00【定休日】無休　アクセス／近鉄奈良駅より徒歩10分

メリッサ
Tel：080-3811-0161　奈良県天理市中山町763【営業時間】水・木・金10:00〜16:00　土・日10:00〜17:00【定休日】月曜・火曜　アクセス／柳本駅から車で5分、1,005m。もしくは名阪国道の天理インターまたは天理東インターから南へ車で10分

麺屋一徳
Tel：0743-62-2888　奈良県天理市川原城町372-2【営業時間】11:00〜13:50 18:00〜20:50（売切れ次第終了）【定休日】火曜日　アクセス／近鉄・JR天理駅より徒歩8分　駐車場はお店から離れた場所にあり（5台）

宮島水中花火
Miyajima Suichu Hanabi

絶景

[広島県] 陸・海・空を彩る最高のコラボレーション

大迫力の花火に照らされ浮かび上がる鳥居
海を見守り続ける、その佇まいに人々は想いを馳せる

「日本の花火大会百選」のひとつにも選ばれたこの花火大会では約5,000発の花火が観覧できるが、そのなかでも特に人気が高いのは200発もの水中花火。世界文化遺産である厳島神社の沖合で炸裂する色彩鮮やかに煌めく花々は、海に立つ大鳥居があることで荘厳な雰囲気も同時に醸し出し、ある意味異端とも言える絶景。打ち上げ花火についても、派手な無駄打ちなどはなく基本的に大きな尺球を丁寧に打ち上げるスタイルで、見応えがありつつしっとりとした趣深さもある。30万人もの人々が訪れるこのイベントは、水中花火大会としては日本一の規模を誇り、海外からの来客も非常に多い。

水中花火の魅力

日本の水中花火には主に「設置式」「打ち込み式」「投げ込み式」の3種類で、宮島水中花火の場合は投げ込み式に該当する。空高く打ち上げる花火と違い、距離が間近な水面で半円を描き開花する花火は大迫力。体感型の花火と言えるのかもしれない。

主な観覧スポット

ベストポジションは真正面で花火を観覧できる厳島神社鳥居前と間近で迫力を楽しめる清盛神社周辺。本土側では阿品3丁目の防波堤沿いが一番の観覧スポットだが、当日に一部無料開放される宮島競艇場の冷房がきいた快適な空間で花火を眺めるのもいい。

海に浸かった鳥居と水中花火を同時に写真に収めようと、このアングルでシャッターチャンスを狙う人々も多い。この場所ならではの、荘厳さと華やかさが同居した光景だ

ワンポイントアドバイス

花火大会に合わせたクルーズを予約し、船上から優雅にゆったりと花火を観覧するという方法もある。観覧船については宮島観光協会をはじめ様々な業者、団体がサービスを提供している。料金はかかるが、一年に一度きりの特別を思い切って楽しむのも良いだろう。

本殿正面の延長線上に立つ大鳥居。花火に照らされなくとも独特の存在感がある

宮島口〜宮島間を15分間隔で運航する、宮島松大汽船のフェリー「宮島」

宮島水中花火	ベストシーズン
	8月中旬開催

お問い合わせ
宮島水中花火大会実行委員会
(一社) 宮島観光協会内
Tel 0829-44-2011

アクセス 広島県廿日市市宮島町1162-18
[車] 山陽自動車道廿日市JCT経由、広島岩国道路 廿日市ICより国道2号線経由 約10分、宮島港桟橋からフェリーで10分 [電車] JR広島駅経由、山陽本線 宮島口駅下車、徒歩5分、宮島港桟橋からフェリーで10分 (広島駅より約40分)

スケジュール
2015年8月11日 (火) 19:40〜20:40
打ち上げ数 約5,000発 (尺玉・スターマイン・UFO・型物等)
水中花火 200発
単発 尺玉 (30cm) 40発

厳島神社
Itsukushima Jinja

パワースポット

[広島県] 日本三景・世界遺産の聖地

海に浮かぶ大鳥居でおなじみ!
自然と人智が調和した創造的な人生を歩みたい方におすすめ

海上に建つ神社としてあまりにも有名な厳島神社は、今や外国人に人気ナンバーワンの世界的な観光スポットだ。山の緑、海の青、朱塗りの建物といった色合いが織りなす美しさは勿論、潮の満ち引きまで計算して作られたその演出力は、他の神社では類を見ない。外から見た美しさは言うまでも無いが、神社の内側も感動的に美しい。観光地らしい外のにぎやかで開放的なエネルギーが、参拝入口をくぐると一転、静まり返ったおごそかな神域に変わる。厳島神社のポイントは、融合の美にある。海と山、自然と人工建築の融合だけでなく、日向族と出雲族の融合をも意味している。厳島神社は、宮崎県の日向市と島根県の出雲市を結んだ線上にあり、ご祭神の宗像三女神は、日向族の象徴である伊勢神宮の女神アマテラスと出雲の祖神スサノオの誓約から生まれた。参拝入口から最初に通る客（まろうど）神社に祭られるアメノオシホホミら五柱の男神もアマテラスとスサノオの誓約から生まれている。一番のパワースポットは、海上の大鳥居から板敷きの舞台・祓殿・拝殿へと続く直線と、五重塔から客神社・大願寺（日本三大弁財天のひとつ）へと続く直線が交差する地点になる。ちょうど神事が行なわれる舞台や祓殿の場所で、参拝客はその周辺の海辺を歩いていれば、自然に厳島パワーに触れられる。

お祭りされている神様

- 市杵島姫命（イチキシマヒメノミコト）
- 田心姫命（タゴリヒメノミコト）
- 湍津姫命（タギツヒメノミコト）

これら三柱の神は宗像三女神と呼ばれる姉妹で、厳島神社以外には、福岡県の宗像大社や湘南の江島神社などで祭られている。中国大陸や朝鮮半島への航路を守護する玄界灘の女神で、海で働く人達からの信仰が篤かった。「いつくしま」の名は、イチキシマから来ている。

御利益ポイント

航海安全だけでなく、新たな価値を創造するパワーがある。厳島の創造するパワーは、平清盛や初代内閣総理大臣・伊藤博文といった日本の最高権力者達を支えた。世界各地を飛び回る冒険者達の味方になってくれるだろう。

宮島のシンボルである海中に立つ大鳥居。国の重要文化財に指定されている

広さが 553 平方メートルもある平舞台。日本三舞台のひとつとされる

このパワースポットのマナー

厳島（島の通称は宮島）では多数の鹿を見かけるが、野生動物なのでエサを与えたり触れたりしないよう案内されている。またなぜか大鳥居の亀裂や隙間に小銭を挟む人達がいるが、神社にとってはただの迷惑行為。ご利益どころか怒りを買って運気を下げてしまう。

反橋、別名は勅使橋。かつて勅使（天皇陛下の使者）の参拝に使用された

建物と陸地とを結ぶ廻廊。潮の水位が異常に上がっても耐えられる

近くのおすすめスポット

厳島神社以外の宮島のパワースポットは、日本三大弁財天のひとつである大願寺、宮島最古の寺院である大聖院、弘法大師空海が 100 日間の修行をした弥山本堂、弥山の守護神を祭る三鬼堂、弥山山頂、皇太子時代の昭和天皇が訪れた御山神社など盛り沢山だ。

大聖院は宮島桟橋から徒歩 20 分の場所にある。真言宗御室派大本山の寺院

是非行って欲しい、厳島神社奥宮の御山神社。弥山山頂から少し下りた所にある

厳島神社　参拝時間　約 45 分

おすすめ参拝順路
① 大鳥居
② 参拝入り口
③ お祓い所
④ 客神社
⑤ 鏡の池
⑥ 卒塔婆石
⑦ 門客神社（左右2社）
⑧ 拝殿
⑨ 大国神社
⑩ 天神社
⑪ 反橋

［アクセス］広島県廿日市市宮島町 1-1
［車］山陽自動車道 広島 IC 経由、広島岩国道路 廿日市 IC から国道 2 号経由、宮島口フェリー乗り場まで約 10 分、フェリーで約 10 分 ［電車］JR 広島駅から山陽本線で宮島口駅まで約 25 分、フェリーで約 10 分

厳島神社周辺にはグルメな店がいっぱい

牡蠣屋

[廿日市市] 厳島神社より 徒歩5分

国内シェア50％を超えるほどの牡蠣の名産地である広島。その中でも宮島産の牡蠣は、特に濃厚かつ繊細な味わいを誇っている。そんな牡蠣の当日朝採り分を仕入れ、生食をはじめ様々な調理法で提供しているのがこちらのお店。写真はメニュー表には無い裏メニューの牡蠣屋定食（¥2,150）。焼きがき、かきめし、カキフライ、牡蠣のオイル漬け、牡蠣入り赤出しがついた豪華牡蠣ずくし定食はこの地を訪れたら是非食して欲しい逸品。牡蠣によくあうワインをはじめ、アルコール類の品ぞろえも豊富。

DATA Tel: 0829-44-2747　広島県廿日市市宮島町539【営業時間】10:00～18:00（牡蠣がなくなり次第終了）【定休日】不定休　アクセス／厳島神社より徒歩5分

牡蠣ずくしとはこのこと！

なにはともあれまずはクリーミーな生牡蠣から

窓の奥には牡蠣にあうワインが取り揃えられている

路面店で丸い牡蠣屋のちょうちんが目印

ふじたや

[廿日市市] 厳島神社より 徒歩4分

穴子料理の店としては初のミシュランを獲得した廿日市市の名店。宮島の地穴子にこだわった「あなごめし（¥2,300）」は、ふっくら色白の穴子を、釜で炭火炊きされたご飯の上にぎっしりと並べ、明治時代からの伝統の味をそのまま伝承する素晴らしい逸品。蒸し上げるより、焼き上げた感じのあなごを口に運べば穴子の身がふわっと崩れ上品な甘みのタレと相まってあなごの味の奥深さを感じることができる。三つ葉とゆずの香り立つ薄口のお吸い物も穴子のうまさを十二分に引立ててくれる。

DATA Tel：0829-44-0151　広島県廿日市市宮島町125-2【営業時間】11:00～17:00（アナゴがなくなったら早じまいの場合あり）【定休日】不定休　アクセス／厳島神社より徒歩4分

ふっくら穴子がぎっしり！

席数は25席。お座敷席でゆっくりするもよし

民家風の店構えは、明治時代からの伝統を感じる

しゃもじ型のあなごめしの看板は、宮島ならでは

宮島水中花火と厳島神社と共に行きたい美味4店舗！

ランチにぴったり
かきクリームパスタ

こだわりのスイーツがお店の自慢。こちらはティラミス

大きな窓から優しい光がたっぷり差し込む店内

鹿のかわいい看板が目印。階段を上って2階へ

◆◆
バンビーノ

[廿日市市] 厳島神社より 徒歩5分

宮島、厳島神社の散策の合間にちょっとひと息する際のオススメ・カフェ。かきの濃厚な風味が食欲をそそるランチメニュー「自家製かきクリームのパスタ（¥1,300）」はこのお店の1番人気。他にもオムライス、シーフードピザ、ナシゴレンなどのメニューもあり。専属パティシエがこだわって作る季節毎に変わるデザートも是非注文して欲しい。その日に焼き上げたケーキや季節のフルーツをあしらったタルトを堪能できる。鹿のかわいいイラストが施された看板からわかる通り、店名は宮島名物の鹿から取ったもの。

DATA Tel：0829-44-1415　広島県廿日市市宮島町536-9 中屋ビル2F【営業時間】12:00～翌1:00（フードL.O.24:00、ドリンクL.O.24:30）【定休日】月曜※祝日は除く　アクセス／厳島神社より 徒歩5分

◆◆
紅葉堂弐番屋

[廿日市市] 厳島神社より 徒歩6分

揚げもみじは
食べ歩きの新名物！

明治45年創業の老舗和菓子店。揚げたて、あつあつがおいしい「揚げもみじ（¥180）」は、あんこ、クリーム、チーズの3種類から選べることができる、食べ歩きの新名物。もみじまんじゅうに独自の天ぷら衣をまとい揚げた揚げもみじの食感は外はサクサク、中はアツアツでもっちり。この不思議な感覚は老若男女問わずに好評。揚げもみじをソフトクリームにトッピングした熱くて冷たい「揚げもみソフト（¥480）」も美味。通常のもみじまんじゅうは昔ながらの手仕込みで、お土産にぴったりで、冷めてもやわらかく口溶けも良い。

DATA Tel：082-944-1623　広島県廿日市市宮島町512-2【営業時間】9:30～18:00 ※季節により変動【定休日】不定休　アクセス／厳島神社より 徒歩6分

ソフトクリームにのせた「揚げもみソフト」と「揚げもみじ」

散策の疲れをゆっくり癒せる和風の店内

江戸時代から商店街に残る貴重な建物

瓶ヶ森林道
Kamegamoririndo

[絶景]

[高知県] 四国山脈最高地点を走る絶景ドライブコース!

等高線を描くような美しいライン。走っても、登ってもよし! 山海を楽しみ尽くす絶景ドライブコース

瓶ヶ森林道は吉野川の源流域、愛媛県と高知県の県境を走る舗装道路。旧寒風山トンネル高知県側出口より瓶ヶ森沿いの尾根を走り石鎚スカイラインの終点まで繋がり全長35キロにもなる。標高1,100mから1,690m地点を等高線を描くように走っており、道沿いには所々に登山道入口が設けられていて10分程度で山頂にたどり着ける場所もある。石鎚連峰や土佐湾、瓶ケ森、伊予富士、東黒森、西黒森の山頂を望める四国随一のドライブコースだ。

登山道から見る絶景ロード

最高地点である東黒森山の頂上は瓶ヶ森林道が稜線沿いの道に縦に伸びる様子が観られる絶好のポイント。林道沿いにある駐車場からでも45分程で登れ、山頂からは伊予富士、寒風山、瀬戸内海まで見渡す事も出来る。瓶ヶ森林道の壮大さを堪能できる絶景ポイントの一つだ。

「瓶ヶ森」について

湧水のたまる瓶壺（かめつぼ）に由来する瓶ヶ森（かめがもり）は、四国百名山の一つに数えられる標高1,897mの山。女山（めやま）と男山（おやま）の2つの山頂があり、瓶ヶ森林道沿いの駐車場から登れば総歩行距離3km程のコースで気軽に楽しめる。

ワンポイントアドバイス

旧・寒風山トンネルは崩落のため通行止めとなっており、愛媛側からのアプローチは新・寒風山トンネルを経由する必要がある。絶景ロードのあと、石鎚山登山口から下り始めると大自然の森の中に落差ある大滝もあるので、それも是非鑑賞してほしい。

車などの乗り物からの眺めもいいが、やはり徒歩で展望台に向かい、大きな深呼吸と共に絶景を眺めたい

瓶ヶ森林道 — **ベストシーズン**
10月〜11月
（紅葉シーズン）

アクセス 高知県吾川郡いの町
高知市〜いの町194号線を経由〜瓶ヶ森まで約90キロ、松山市からは高速道で伊予小松〜194号線約98キロ、西条市からは194号線経由で50Km、高松市から高速道で西条〜194号線経由で約155キロ。冬季（12月〜4月上旬）は閉鎖。

カフェしらさ

瓶ヶ森の南西、しらさ峠（標高約1400m）に位置する天空のオアシス。美味しい食事と落ち着くストーブの香りと木の温もりのある良いお店
高知県吾川郡いの町寺川175
営業時間 11:00〜16:00
定休日：月曜日
http://shirasa.com/index.html

桂浜・海津見神社
Katsurahama・Watatsumi Jinja

パワースポット

［高知県］龍馬も愛した豪快な海

大海に出でよ！ 太平洋とダイレクトにつながる雄大な海神
黒潮のようにスケール大きく生きたいヒトにおすすめ

幕末の英雄・坂本龍馬の銅像でおなじみの桂浜は、黒潮流れる土佐湾に面した白い砂浜で、竜頭岬から竜王岬まで、まるで弓のようにしなった形をしている。太平洋と直接つながる土佐湾は、さえぎる陸地が無く、その波はかなり荒々しく豪快だ。桂浜周辺のパワースポットを存分に味わうおすすめルートは、まずバスで「龍馬記念館前」にて下車し、記念館手前の丘にある山祇（やまつみ）神社の参拝から始める。ここは、もう一人の土佐の英雄・長宗我部元親の最後の居城「浦戸城」の跡地でもある。そこから椿の小径という連絡遊歩道で桂浜・龍馬銅像へ。途中、稲荷神社に立寄りまた遊歩道に戻ると、桂浜と刻まれた石碑の広場にたどりつく。この広場は海津見神社や海からのエネルギーと森林のエネルギーが合わさり、さわやかな癒しスポットだ。そしてさらに歩を進めると、有名な坂本龍馬銅像に拝謁できる。ここから階段を下りると桂浜の竜頭岬。ここは強力なパワースポットで、海の力だけでなく、岬の先にある亀のような岩の力も影響している。そして砂浜べりを歩いて竜王岬に向かう。橋を渡り階段を上ると、海の神様を祭る赤いお社の海津見神社だ。さらに上ると、頂上に早高神社という小さな祠がある。ここからの眺めはまさに絶景で、桂浜全体を見渡すことができる。

お祭りされている神様

大綿津見神　オオワタツミノカミ

オオワタツミというと、大いなる海の神様・龍宮の王である。実は天皇家の祖先ともつながっており、初代天皇である神武天皇の祖父・山幸彦は、オオワタツミの娘・豊玉姫と結婚し、オオワタツミから授けられた秘宝や呪文の力で兄神・海幸彦を屈服させて、国の王となった。

御利益ポイント

神社の碑には海上安全、漁業豊登、祈雨祈晴、商売繁盛、良縁成就とある。トランプのジョーカーのごとく外部から天下取りに決定的な役割を果たしたオオワタツミや坂本龍馬のように、既存の枠組みの外でスケール大きく生きる力を与えてくれる。

このパワースポットのマナー

あまり細かい事は四の五の考えず、無心で桂浜のエネルギーを味わえば良い。特に何か御利益をお願いするというよりも、日頃のモヤモヤや雑念、凝り固まった考え方を、大きな海の力で祓っていただこう。ただ砂浜を歩き、海風にあたるだけで随分とスッキリするはずだ。

近くのおすすめスポット

高知駅から北東へ約4キロに、県でもっとも格式高い土佐神社がある。時間に余裕があれば先にこちらにご挨拶しておきたい。市中心部のはりまや橋は、水のエネルギーを感じるパワースポット。高知の食と人を感じたい方は、ひろめ市場へ。朝昼夜と楽しめる。

海を見つめる坂本龍馬銅像。高知県青年の寄付金により1928年に建設された

赤鳥居が並ぶ商売繁盛の桂浜稲荷神社。連絡遊歩道「椿の小径」の道沿いにある

桂浜石碑手前の海津見神社（龍王宮）一の鳥居。この辺りはパワースポット

竜王岬にある海津見神社に向かう参道。龍宮橋を渡り少々キツい階段の上にある

さわやかな海風が気持ち良い海津見神社。踊り場のベンチでまったり過ごす人も

桂浜の砂浜を歩くと邪気が吸い取られ、潮の干満で海の彼方に罪穢れは流される

桂浜・海津見神社　**参拝時間**

約 60 分～75 分

おすすめ参拝順路
① 山祇神社
② 桂浜稲荷神社
③ 桂浜石碑
④ 桃葉先生の碑
⑤ 坂本龍馬彰勲碑
⑥ 坂本龍馬銅像
⑦ 竜頭岬
⑧ 海津見神社（龍王宮）
⑨ 早高神社

[アクセス]　高知県高知市浦戸字城山831
[車]　高知自動車道 高知ICから五台山方面へ約30分（混雑が少ないルートでおすすめ）
[バス]　路線バスで南はりまや橋から桂浜行バス終点下車約30分、海岸まで徒歩5分

高知を感じる美味しさ巡り

鰹のたたきは
土佐造りともいいます

◆◇
どんこ

[高知市] はりまや橋駅より徒歩2分

隠れ家風、落ち着いた雰囲気の店内でいただく、高知の郷土料理の数々。定番中の定番、確実に押さえておきたい鰹のたたきはポン酢と塩たたきの両方が用意されている。そのほか、魚介の練り物の揚げ物など様々な料理が用意されているが、どれを頼んでも外れが無い。基本的にメニューに価格表示は無いものの、その満足感と比較した場合にはかなりリーズナブル。日替わりメニューで供されるランチ（写真上）も言わずもがな、¥1,000でおつりがくる価格。

(中) 落ち着いた雰囲気の店内で食べる美味は旅の疲れを癒してくれる
(下) 古民家風の外観。時代を感じさせてくれる建物

DATA Tel：088-875-2424　高知県高知市はりまや町2-1-21【営業時間】11:30～売切れ次第終了、17:00～23:00【定休日】無休（日曜祝日は昼休業）アクセス／高知駅より徒歩10分、とさでん交通　はりまや橋駅より徒歩2分、蓮池町通駅より徒歩5分

瓶ヶ森林道と桂浜・海津見神社と共に行きたい美味3店舗!

小夏絞り立て
生ジュース!

◆◆ とさいぬパーク 直営売店

[高知市] バス桂浜下車すぐ

土佐闘犬の施設、とさいぬパーク内にある直営売店ではお土産品のほか、ちょっとひと息つきたいときにぴったりの甘味もいただける。柑橘（かんきつ）類の生産が盛んな高知県の名産として知られる小夏（こなつ）の絞り立て生ジュースは、贅沢に小夏そのものを味わえる人気のドリンク。小夏とは高知での呼び名であり、別名は日向夏（ひゅうがなつ）と呼ばれる。また、黒糖の香ばしさが口いっぱいに広がるかりんとうまんじゅうは、あつあつの出来立てが美味。

あっさりこしあんを堪能!
かりんとうまんじゅう¥120

お土産物屋もあって家族
で1日楽しめるパーク内

土佐犬の子犬とのふれあ
いツアーや闘犬もあり

DATA Tel：050-3033-3166　高知県高知市浦戸6 桂浜公園内【営業時間】8:00～18:00【定休日】無休（12月に不定休あり）　アクセス／高知駅からMY遊バスまたは高知県交通バス（桂浜行き）で約1時間「桂浜」下車すぐ

◆◆ 立石重馬蒲鉾

[高知市] はりまや橋駅から徒歩5分

黒潮に洗われた、高知の豊かな海の幸を存分に使った天ぷら、すなわち魚介の練り物の揚げ物を販売しているのがこちらのお店。新鮮な魚介を毎日仕込み、冷凍素材は使わない。明治から伝わる職人技で揚げられた天ぷらやちくわは、素朴かつ素材のそのものの持つうまみがたっぷりな味わい。持ち帰りはもちろん、揚げたてをいただくのもまた格別。時間帯によっては品切れの場合もあるため、確実に入手したい場合には営業開始直後の時間帯を狙おう。

一枚食べると
病みつきに

あつあつ天ぷらは1枚
¥170。はずせない1枚

ちくわ、かまぼこ大板＆小
板も美味!是非おススメ!

進物用もある老舗だが、親
しみやすい店構え

DATA Tel：088-823-1400　高知県高知市はりまや町1-2-9【営業時間】10:00～18:00【定休日】水曜日　アクセス／とさでん交通 はりまや橋駅から徒歩5分

| 広島の旅

宮島水中花火と
世界遺産の聖地
厳島神社へ

例えばこんなプラン！

1日目
広島駅〜宮島口駅　¥410
宮島口港〜宮島港　¥180
厳島神社　参拝
宮島　宿泊　¥9,500

2日目
宮島港〜宮島口港　¥180
宮島口駅〜広島駅　¥410
広島市内　散策

合計　¥10,680
（食費＋自宅までの往復交通費は入っていません）

絶景　宮島水中花火 ▶ 厳島神社　広島県廿日市市宮島町 1162-18

徒歩1分（総距離 288m）

パワースポット　厳島神社 ▶ 宮島水中花火　広島県廿日市市宮島町 1-1

徒歩1分（総距離 288m）

美味　牡蠣屋
Tel: 0829-44-2747　広島県廿日市市宮島町 539【営業時間】10:00〜18:00（牡蠣がなくなり次第終了）【定休日】不定休　アクセス／厳島神社より徒歩 5 分

バンビーノ
Tel: 0829-44-1415　広島県廿日市市宮島町 536-9 中屋ビル 2F【営業時間】12:00〜翌 1:00（フード L.O.24:00、ドリンク L.O.24:30）【定休日】月曜※祝日は除く　アクセス／厳島神社より 徒歩 5 分

ふじたや
Tel: 0829-44-0151　広島県廿日市市宮島町 125-2【営業時間】11:00〜17:00（アナゴがなくなったら早じまいの場合あり）【定休日】不定休　アクセス／厳島神社より徒歩 4 分

紅葉堂弐番屋
Tel: 082-944-1623　広島県廿日市市宮島町 512-2【営業時間】9:30〜18:00 ※季節により変動【定休日】不定休　アクセス／厳島神社より 徒歩 6 分

高知の旅

瓶ヶ森林道と海の神様を祭る桂浜へ

例えばこんなプラン！

1日目
レンタカー　¥9,180
高知市内～瓶ヶ森（一般道）
瓶ヶ森　散策
瓶ヶ森～新居浜市内（一般道）
新居浜市内　宿泊　¥7,800

2日目
新居浜市内～桂浜（一般道）
桂浜　散策
桂浜～土佐神社～高知市内（一般道）

合計　¥16,980
（食費＋自宅までの往復交通費は入っていません）

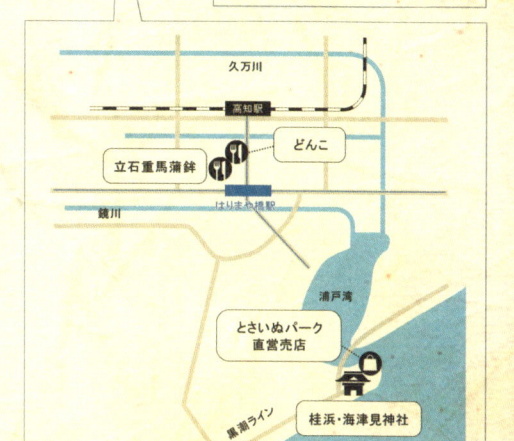

絶景

瓶ヶ森林道 ▶ 桂浜・海津見神社　　高知県吾川郡いの町

🚗 車
村道瓶ヶ森線から県道40号線→国道194号線→国道33号線→県道36号線→県道278号線→黒潮ライン→県道35号線と進み、桂浜　到着（所要時間 3 時間 10 分、総距離 97.8km、¥料金0）

パワースポット

桂浜・海津見神社 ▶ 瓶ヶ森林道　　高知県高知市浦戸字城山 831

🚗 車
県道35号線から黒潮ライン→県道278号線→県道36号線→国道33号線→国道194号線→県道40号線と進み、瓶ヶ森林道　到着（所要時間 3 時間 10 分、総距離 97.8km、料金￥0）

美味

どんこ
Tel:088-875-2424　高知県高知市はりまや町 2-1-21【営業時間】11:30～売切れ次第終了，17:00～23:00【定休日】無休（日曜祝日は昼営業）　アクセス／高知駅より徒歩 10 分、とさでん交通　はりまや橋駅より徒歩 2 分、蓮池町通駅より徒歩 5 分

とさいぬパーク 直営売店
Tel：050-3033-3166　高知県高知市浦戸 6　桂浜公園内【営業時間】8:00～18:00【定休日】無休（12 月に不定休あり）　アクセス／高知駅から MY 遊バスまたは高知県交通バス（桂浜行き）で約 1 時間「桂浜」下車すぐ

立石重馬蒲鉾
Tel：088-823-1400　高知県高知市はりまや町 1-2-9【営業時間】10:00～18:00【定休日】水曜日　アクセス／とさでん交通　はりまや橋駅から徒歩 5 分

column ここに故郷あり
〜いわき市久之浜の奇跡の神社

福島県いわき市久之浜字東町の海岸。
東日本大震災の被害により、周囲に建物が何も無い一帯に、
ポツンと建つ赤い鳥居とお社がある。
稲荷神社、またの名は秋義（あきば）神社という。

　元々は稲荷神社だったが、久之浜で火事があり、火除けの神様として秋義神社を合わせて祭ったそうだ。東日本大震災の時は、防波堤を越えて津波が襲来。海岸沿いの家の大半は流され、夜には火災も発生して、久之浜は60名以上の方がお亡くなりになるなど大きな被害をうけた。この町の一部は事故のあった福島第一原発から30km圏内にあるため、自主避難が促された時期もあった。
　そんな地震、津波、火事、原発と四重苦の久之浜で、秋義（稲荷）神社は海から40m程しか離れていないにも関わらず、ご神体のあるお社は流されなかった。鳥居は津波で倒れたが御本殿は無事だったのだ。火災を防ぐ神様を祭ったお陰か火事からも免れ、その奇跡的な状況に、いつしか人々の心の拠り所となっていった。

「ここに故郷あり 稲荷神社」

　再建された鳥居の横で、そう記された旗がたなびいている。実は本神社、震災後の復旧計画で、一時は取り壊しになる予定があった。津波で流された区域に広大な防災緑地が建設されることになり、そうなると、本神社を撤去する必要があった。しかし地域住民にとって本神社が復興のシンボルであることが伝わり、「震災の記憶を伝える場所」として本神社は残り、その周辺を「記憶の伝承広場」とする計画に変更された。
　2013年夏に本神社を参拝した時は、追悼の花や水などがお供えされている祭壇があった。追悼イベントもここで行なわれていたようで、おのずと手を合わせる。このように本神社は、神社という側面だけでなく、東京都心で言えば九段下の近くにある千鳥ヶ淵戦没者墓苑のような追悼のエネルギーがある。人々の気持ちがそこに残って"気"になるのだが、哀しいような美しいような、そこに居た人々の思いのエネルギーがそのまま反映される。
　パワースポットという視点で見ると、本神社に何かのパワーをいただこうという気持ちで訪れる人はいないだろう。お亡くなりになった方達を供養し、今こうして生きていることに感謝し、そしてこれからの平和を願って、手を合わせる。そんな素朴な信仰心しかわいてこない。こうした気持ちが集積すると、結果的に聖なる地になり、千鳥ヶ淵戦没者墓苑などはまるで天上の世界に来たようなエネルギーに満ちている。
　夕方、陽が傾いてきた頃に訪れると、本神社では太陽信仰の原点を体験することができる。周囲に建物が無い状況だと、ちょうど御本殿のお社と沈みゆく太陽が重なって、太陽を真っ直ぐ拝むことになる。本殿に太陽が入ってきて、正に太陽を神様として参拝することになる。
　今、周辺では、復旧・復興のための工事が進められている。2016年になればもうこの辺りは様変わりし、本稿で書かれている状態とは相当に異なっているに違いない。そうした移り変わりはあったとしても、あの大災害に耐えた本神社は、まちのシンボル・復興のシンボルとして、これからも人々の祈りと共にあり続けるだろう。

秋義神社：福島県いわき市久之浜町久之浜字東町73

秋義（稲荷）神社の御本殿と再建された鳥居。2〜3mほどの高台に建つ。

夕陽を拝む。御本殿の正面に回ると、太陽は御本殿の後ろに完全に隠れる。

河内藤園
Kawachi Fujien

[福岡県] 神秘の世界に舞い込む藤のトンネル

ただ、圧巻！ 言葉を失う高貴の花園
口コミだけで世界まで広がった、美しすぎる藤の花のトンネル

宣伝を一切していないにも関わらず、海外のサイトで「世界の絶景10」として掲載されたことから口コミで人気スポットに。敷地面積が約3,000坪、私営の藤園として春の藤と秋の紅葉の時期のみ一般の入園が許されている。先代の方の「地域の人に楽しんでもらえたら…」という想いを受け継ぎ、訪れた人々が見て楽しめるよう様々な工夫を凝らした藤棚があるが、一番の見所は絶妙なグラデーションが鮮やかな長さ80mと220mの藤の花トンネル。ちなみに藤の香りには優れた抗酸化効果があるとされているが、視覚だけでなく周辺一帯に漂うこの高貴な和の香りも印象深い。

満開サイン

入園料は¥300から¥1,000と開花状況によって変わり、¥1,000になったら満開のサイン。藤の花の見頃は春の4月下旬〜5月上旬で当然その時期は料金が上がるが、その価格に見合った感動を得られるので皆満足して帰っていく。ちなみに11月中旬からの紅葉の時期は¥300固定となる。

紅葉の森

春の華やかな藤園とは打って変わって、11月中旬から12月初旬にかけては凛とした気配ただよう紅葉の森を散策出来る。ただし、藤の季節に「モミジの森」に入園することはできない。約700本にも及ぶ楓や紅葉の姿、そして燃えるような紅の絨毯の光景に圧倒される。

ワンポイントアドバイス

藤の花や紅葉を見た後は、少し車を走らせて、皿倉山の山頂展望台に立ち寄ってみよう。洞海湾一帯をはじめ、小倉から関門海峡までの北九州市全体が見渡せる。「100億ドルの夜景」と言われる極上のパノラマを満喫しよう。展望料金は無料。

トンネルだけではなく藤のドームもある。ドームの中に入ると全天が藤の花で覆われる

藤のトンネルを登りきった先にある、約1000坪の大藤棚も圧巻のひとこと

秋の紅葉もかなりの絶景。シーズンに合わせてモミジトンネルを満喫してみては

河内藤園	ベストシーズン
	4・5月（開花期）

お問い合わせ
北九州市河内藤園
北九州市八幡東区河内 2-2-46
Tel：093-652-0334
駐車場有 200台
利用可能期間 4月下旬〜5月下旬
11月中旬〜12月初旬　9:00〜18:00

アクセス
福岡県北九州市
八幡東区河内 2-2-46
[車] 九州自動車道 小倉南IC下車、約30分
（福岡市内から約50分）
[電車・バス] JR鹿児島本線 八幡駅前 から西鉄バス田代行き 河内小学校前 下車徒歩15分

宮地嶽神社
Miyajidake Jinja

パワースポット

[福岡県] 何事にも打ち勝つ開運力

覚悟を決めてイザ勝負の時! 三つの日本一がある勝利の神
海神と山神の合体パワーは、ただ元気になりたいヒトにもおすすめ

初詣の参拝者数は全国ベスト10で九州では太宰府天満宮に次いで多いのがここ宮地嶽神社だ。社伝によると約1600年前、神功皇后が朝鮮半島へ出陣する際に、宮地嶽山頂より海に向かって祭壇を設け、開運を祈願したのが本神社の始まりとされる。「三つの日本一」とうたわれる大注連縄・大太鼓・大鈴、六世紀末頃に建てられたと見られる日本最大級の横穴式石室を有する巨石古墳など、サイズの大きさが目立つ本神社だが、パワースポットとして大注目なのは、神社から宮地浜の海岸へと一直線に続く参道だ。車も通る徒歩15分ほどの道で、海岸の手前には鳥居が立つ。鳥居をくぐると宮地浜に出るが、玄界灘の海の向こうに相島が見えるその砂浜はとにかく美しく開放的で、日本有数の浄化スポットである。この雄大な海から真っ直ぐ上ってくる海の神様エネルギーと、宮地嶽神社の古社がある標高約181mの宮地山山頂から下りてくる山の神様エネルギーが本殿で融合し、強力な開運パワーがつくられる。境内で注目の場所は、大注連縄の張られた拝殿、拝殿裏の左右にある神社（向かって左に宗像神社など六社、右に須賀神社）、拝殿左の縁の下に隠れるように鎮座する「なで牛」、ご神木のある元御本殿跡、あと奥の宮八社も不動神社や七福神社など、何社か気になった所をお参りされると良い。

お祭りされている神様

- 息長足比売命（オキナガタラシヒメノミコト）
- 勝村大神（カツムラノオオカミ）
- 勝頼大神（カツヨリノオオカミ）

息長足比売命は別名・神功皇后で、仲哀天皇の后にして応神天皇（八幡神）の母君にあたる。神功天皇であったとも言われ、1円札の顔になるなど第2次世界大戦までは軍神として日本で大変に有名であった。勝村・勝頼両大神は神功皇后の側近である。

御利益ポイント

日本最大級が幾つもあるその大きさに象徴される通り、大変に力の強い神社で、開運・商売繁盛に御利益があると評判である。元御本殿跡から宮地浜までの一直線の参道は、物事を生み出す産道でもある。心に決めたビジョン・計画の実現を大いに助けてくれるだろう。

人気歌手YUIさんの歌にも登場する帰り道の下り坂は、宮地浜まで一本道

全国にある宮地嶽神社の総本社にふさわしい立派な楼門には圧倒される

このパワースポットのマナー

力の強い神社だけに、開運実現のための決意の強さも問われる。心中に強い覚悟を秘めて、ここ一番のときに行くと良い。勿論、日常的に参拝するのにも良く、特に決意が無ければ、日々への感謝や「祓いたまえ・浄めたまえ」と無心に祈るだけで十分である。

本殿右には須佐之男神（スサノオノミコト）を祭るパワフルな須賀神社がある

真っ赤な鳥居の奥に佇む、奥の宮八社のひとつ稲荷神社は商売繁盛の神様

近くのおすすめスポット

福岡市の香椎宮は、全国で16社しかない勅祭社（祭礼時に天皇陛下より勅使が派遣）の一社で、宮地嶽神社の創建と非常に関係が深い。福岡県宗像市にある宗像大社辺津宮の高宮祭場は日本有数の聖地で、"神聖さ"とはどんな感覚なのか教えてくれる。

体長約60cmのなで牛。体の悪い所をでると治るという信仰がある

見渡す限りの砂浜が続く宮地浜の海岸。海だけでなく夕日の美しさも見所

宮地嶽神社　参拝時間
約60分

おすすめ参拝順路
① 入口鳥居
② 元御本殿跡
③ 拝殿
④ なで牛
⑤ 御神水
⑥ 愛宕神社など六社
⑦ 須賀神社
⑧ 七福神社
⑨ 稲荷神社
⑩ 不動神社

［アクセス］ 福岡県福津市宮司元町7-1
［車］福岡市方面から九州自動車道古賀IC下車（約1時間）
［電車］JR博多駅からJR鹿児島本線　福間駅下車、バス（タクシー）にて約5分、もしくは徒歩にて約25分（約2km）

旨いものがあるから人が集まる北九州

日本で最も海に近い鮨屋

◆◆ 海の彩

[福津市] 福間駅から車で10分

海の絶景を眺めながら食べられる鮨屋。写真のお任せコース（¥2,400）は、鮨10貫、小鉢、茶碗蒸し、魚のアラのお味噌汁がついた、大将おススメコース。鮮度の良い鮨、味が染み渡った茶碗蒸し、赤く輝くミニいくら丼、アラのたっぷり入った味噌汁からは、大将のこだわりを感じられる。鮨の他にも魚介・海鮮料理、割烹、小料理なども注文可能。カウンター越しにそのまま海を見渡せるようになっていて、食事をしながら景色を楽しめるがこの鮨屋の最大の魅力だ。おそらく日本で最も海に近い鮨屋。時間帯により変化する、まさに海の彩（いろ）を堪能できる。

DATA Tel：0940-43-6600　福岡県福津市西福間4-5029-2 ぶどうの樹海岸通り【営業時間】11:30～16:00 (L.O.15:00) 17:30～22:00 (L.O.21:00)【定休日】火曜日　アクセス／福間駅から車で10分

ダシが染みわたった茶碗蒸しも美味。単品注文可

青い波を眺めながらの鮨は極上のひととき

熟練の技を目の前で披露してくれる大将

◆◆ ガネーシャ

[北九州市] 小倉駅より徒歩5分

小倉魚町商店街から階段を下りた先の地下街で営業するインドカレーの専門店。右の写真はガネーシャ基本のカレーソースを使った柔らかくジューシーなチキンカレー（¥860）。鮮烈なスパイシーさのなかにも深いコクと旨みが凝縮されており、今までのカレーの概念を覆してくれる美味さ。カシミールカレー、インドカレー、キーマカレー、マトンカレーなど9つの種類の中から選ぶことができる。接客に調理とほぼ店主1人でこなすため待つこともあるが、それでも高い人気を維持できるのは味が本物だからである。

南インドスタイルの神カレー

DATA Tel：093-541-2608　福岡県北九州市小倉北区魚町2-3-20 B1F【営業時間】12:00～14:30 (L.O. 14:00) 17:00～20:00 (L.O. 19:30)【定休日】月曜日　アクセス／JR小倉駅より徒歩5分　北九州高速鉄道 平和通駅より徒歩2分

タンドリーチキンはオーダーを受けてから焼き上げる

中へ入ればインド一色。異空間のような店内

店の外側にも店主の独特なこだわりが感じられる

河内藤園と宮地嶽神社と共に行きたい美味4店舗！

◆◆
無法松

[北九州市] 西武バス 神岳一丁目より徒歩4分

福岡でラーメンを食わずして帰るのはもったいない。開業23年、漫画にも登場したことのある言わずと知れた人気有名ラーメン店、無法松は小倉を代表する名店。名物「無法松ラーメン（¥790）」は深いコク、旨味のある濃厚な豚骨スープでありながらも、アッサリとした上品な味わいで絶大なる支持を得ている。麺を上に高く放り行う、大将のアクロバティックな湯切りのあと出される麺も硬すぎず柔らかすぎない絶妙な茹で加減の細麺。スープが無くなり次第終了のため1日100食限定となっている。

豚骨なのにしつこくない！

にんにく、ニラは入っていないギョーザ ¥350

高菜等もすべて自家製。ご主人の人柄も人気の源

店舗は大通りに面しており、駐車スペースもある

DATA Tel：093-533-6331　福岡県北九州市小倉北区神岳2-10-24 三共ビル1F【営業時間】11:00～21:00（スープがなくなり次第終了）【定休日】水曜日　アクセス／小倉駅バスセンターから西鉄バス 神岳一丁目停留所より徒歩4分　香春口三萩野駅から1,270m

◆◆
サンドイッチファクトリー オー・シー・エム

[北九州市] モノレール平和通駅より徒歩5分

ビルの外側から少し狭い階段を上り入店するとそこは外看板のイメージ通りアメリカンな装飾が施された店内。メニューは主に、ディスプレイされている具材から好きなものを選びオーダーメイドのサンドイッチを注文するというスタイル。その時の気分に合わせた美味しいサンドイッチを手軽に楽しむことができる。写真はオリジナルベーコンサンド（¥480）。スタッフのほとんどは若い女子だが、お店自体は意外に歴史が深く今年の5月で37年目に入る老舗店だ。

オーダーメイドサンドイッチ

DATA Tel：093-522-5973　福岡県北九州市小倉北区船場町3-6 近藤別館2F【営業時間】10:00～20:30 (L.O. 20:00)【定休日】無休　アクセス／JR鹿児島線小倉駅より徒歩15分　北九州モノレール 平和通駅7番出口より徒歩5分

具材の種類はとても豊富。テイクアウトも可

店内は白と青を基調にした壁でさわやかなイメージ

アメリカンでありつつもどこか可愛らしい外看板

| 絶景 | **高千穂峡**
Takachihokyo
［宮崎県］ 自然が生み出した壮大な景観

阿蘇山の噴火が造り出した7キロにも渡る絶壁！
滝百選にも選ばれた真名井の滝と神話が導く神秘的な世界

日本神話の天孫降臨で天照大神（アマテラス）の孫ニニギノミコトが降りたったと伝えられる高千穂地方。その地にある高千穂峡は約12万年前と約9万年前の二度の阿蘇山の火山活動によって作られた渓谷だ。最大100mの断崖が東西に約7キロに渡っており、その中には日本の滝百選にも選ばれた 真名井の滝もある。高千穂三橋や遊覧ボートを使った観光も人気があり、そこには自然が生み出した壮大な景観と神話に彩られた神秘的な空間が広がっている。

真名井の滝 ライトアップ

日本の滝百選に指定されている高千穂峡の名物のひとつ真名井の滝は夏季期間にライトアップされる。高さ約17m断崖から水が落ちる様子は高千穂峡を象徴する風景だ。暗闇に照らし出された名瀑からは日中にも増して幽玄な雰囲気が味わえる。

ライトアップされた夜の真名井の滝。高千穂峡の夏の風物詩となっている

大正時代は木橋だったが水害で流され、昭和22年に石橋となった神橋（しんばし）

高千穂三橋

高千穂峡を巡る遊歩道の撮影ポイントになっている高千穂三橋。神橋、高千穂大橋、神都高千穂大橋の3つの橋がある。ひとつの渓谷に石橋、鉄橋、コンクリート橋と3本のアーチ橋が架かるのは全国でも初めてで、橋ごとに異なる風景が眺められる人気スポットだ。

ひとつの渓谷に3つの橋がかかる。奥から神都高千穂大橋、高千穂大橋、神橋

真名井の滝見台までの遊歩道約200mは総数300本の竹灯篭で照らされている

ワンポイントアドバイス

高千穂峡に来たら、是非貸しボートに乗りたいところ。雨天などの影響で河川増水時は運休になるので当日の天気は前もって確認しよう。また、電話やメールでの乗船受付はしていない。高千穂峡へのカーナビの設定は、高千穂峡淡水魚水族館にするとスムーズに到着する。

時間のある人は国見ヶ丘に！

国見ヶ丘は雲海の名所として有名な場所。高千穂町に来たら是非立ち寄ってほしい。雲海の見頃は秋の早朝で、晴れてなおかつ無風の冷え込んだ日に見られる。
宮崎県西臼杵郡高千穂町押方71-3

高千穂峡	ベストシーズン
	4月下旬～12月

お問い合わせ
高千穂町観光協会
Tel：0982-73-1213
宮崎県西臼杵郡高千穂町大字三田井 809-1

貸しボート情報
8：30～17：00（最終受付16：30）
1隻30分／2,000円 ※延長10分／300円
乗船人数：手漕ぎボート1隻 定員3名
（未就学児は2名で1名に数えて、定員3名）

アクセス 宮崎県西臼杵郡高千穂町大字三田井御塩井
［車］①九州自動車道 太宰府IC経由、益城熊本IC下車、県道36号線、国道325号経由（福岡方面から約3時間）②熊本市内より国道57号経由、立野交差点右折、伊勢交差点を左折して国道325号経由（熊本市内から約1時間50分）［電車］延岡駅からタクシーもしくは路線バスで約90分

高千穂神社
Takachiho Jinja

[パワースポット]

[宮崎県] 日本のふるさと

境内の木々でパワーチャージし、お肌スベスベに
日本人として魂レベルから浄化したい方におすすめ

地上を治めるべく、天孫（アマテラスの孫）ニニギノミコトが天上界から降臨し、住まいを構えたとされる地が高千穂だ。高千穂神社はニニギノミコトを含む日向三代と呼ばれる皇室の祖神とその配偶神をお祭りし、約1,800年前の創建とされる。国家としての日本は、この高千穂の地から始まったといっても過言では無い。そんな日本人の大本とも言える高千穂を代表する神社は、どっしりと重厚な雰囲気で、拝殿に向かう階段脇の木々のフィーリングは伊勢神宮に似ている。ここの神社はパワーチャージできる木が多く、特に拝殿左にある荒立神社・四皇子社手前の巨木は、一段と力強いエネルギーだ。風格ある拝殿は、参拝しているとおのずと謙虚な気持ちに。拝殿向かって右手から後ろの本殿に回り込むと、強いご神気とも言うべき、さらに清浄で濃密な空気感に支配される。本殿東に神武天皇の兄神で鬼退治をした三毛入野命の彫像があり、神楽殿との間にある鎮石は、祈ると人の悩みや世の乱れが鎮められるとのこと。鎮石と神楽殿の間には、高千穂観光の目玉である高千穂峡へ行く「あららぎの里自然遊歩道」入り口がある。高千穂峡へは往復約1時間だが、150m先の「山頭火の歌碑」までの往復でも高千穂の自然をプチ体験できる。

お祭りされている神様

・高千穂皇神
　（タカチホスメガミ）
・十社大明神
　（ジュッシャダイミョウジン）

高千穂皇神は日向三代とその配偶神の総称で、ニニギノミコトとコノハナサクヤヒメ夫婦、その息子夫婦の山幸彦と豊玉姫、さらにその息子夫婦のウガヤフキアエズと玉依姫。十社大明神は神武天皇の兄神である三毛入野命とその妻子神9柱の総称。

御利益ポイント

天から降りてきたニニギノミコトは千本の稲穂をつみ、その籾をまいたことから、高千穂という地名が生まれた。自然にある草木ひとつひとつの関わりを深め、その恵みを得ることを高千穂の神々はサポートしてくれる。家族や夫婦・恋人で訪れるのも良い。

このパワースポットのマナー

皇祖が祭られる高千穂神社は日本人にとって、いわば心のふるさと。ただいま帰りましたという気持ちで参拝すると良い。外国の人も日本の心のふるさとに参拝する事で、日本との縁を深められる。日本国の原点に敬意を持ち参拝したい。

近くのおすすめスポット

徒歩圏内だけでも、西に高千穂峡、東に天孫降臨の地と言われる槵觸（くしふる）神社、天上界を拝む高天原遥拝所、神武天皇ご降臨の地とされる四皇子峰、樹齢推定1,300年というケヤキの根元から清水が湧き出る天真名井など、パワースポットの宝庫だ。

二本の大木が根元でつながる夫婦杉（めおとすぎ）。二人仲良く別れないシンボル

この世の乱れを鎮める鎮石（しずめいし）。鹿島神宮にも贈られ要石になったと伝わる

神楽殿では毎日20:00～21:00に観光神楽（重要無形民俗文化財）が見物できる

山を下りては悪さをする悪神の鬼八（きはち）を退治している三毛入野命の彫刻

高さ55mの秩父杉。源頼朝の命を受けた畠山重忠が手植えした

高千穂神社	参拝時間
	約30分

おすすめ参拝順路
① 鳥居
② 表参道
③ 秩父杉
④ 拝殿
⑤ 夫婦杉
⑥ 巨木
⑦ 荒立神社・四皇子社
⑧ 三毛入野命の彫像
⑨ 鎮石（しずめいし）
⑩ あららぎの里自然遊歩道入り口

アクセス 宮崎県西臼杵郡高千穂町大字三田井1037

[車] ①九州自動車道 太宰府IC経由、益城熊本IC下車、県道36号線、R325経由（福岡方面から約3時間）②熊本市内よりR57経由、立野交差点右折、伊勢交差点を左折してR325経由（熊本市内から約1時間50分）　[電車] 延岡駅からタクシーもしくは路線バスで約90分

宮崎の豊かさを旨さで体感できる

美味

自然豊かな
高千穂の恵！

夏に訪れれば元祖流しそうめんがメニューに加わる

お店は高千穂峡のほぼ真ん中に位置する

高千穂峡に流れる五ヶ瀬川を眺めることができる

◆◆ 千穂の家

[高千穂町] 高千穂神社から徒歩10分

魚の大きさが自慢の山女塩焼きは、高千穂峡散策の腹ごしらえにうってつけの1品。写真は山女塩焼き、鯉の刺し身、鯉こく、ニジマスの酢の物など、川魚のオンパレードの川魚定食（¥1,400）。冷凍ものを一切使用していないため、プリプリで脂の乗った身を食せばこの地域の美食店ナンバーワンの理由がわかるはず。注文を受けてから焼くため、満席に近い時には料理を出すのに時間を要することもあるので、来店の際には時間に余裕を持って訪れたい。高千穂は流しそうめん発祥の地でもあり、3月〜11月には"元祖"流しそうめん（¥500）もメニューに加わる。

DATA Tel：0982-72-2115　宮崎県西臼杵郡高千穂町大字向山62-1（高千穂峡内）【営業時間】9:00〜17:00【定休日】無休　アクセス／高千穂神社から徒歩10分

◆◆ 天庵

[高千穂町] 高千穂峡神社から徒歩9分

お店の入口に緑の提灯が下がっており、これは地産地消を推進しているお店を示すもの。高千穂町産のそば粉へのこだわりだけではなく、野菜も自家製、水も近くの神社からのものを使用。写真は人気の千穂セットで、お蕎麦（ざる又は、かけを選べる）においなり、旬の野菜の天ぷらに小鉢がついて¥1,300。神話の里である高千穂で食すこの絶品の蕎麦は、香りが高く味が濃く今までの蕎麦とは違った感動を得られるはず。行楽シーズンには行列ができるほどの人気で、スムーズに入店するには土日やランチタイムを除いた時間帯を選びたい。

高千穂の名水を
使ったお蕎麦！

DATA Tel：0982-72-3023　宮崎県西臼杵郡高千穂町三田井1180-25【営業時間】ランチ／11:00〜15:00 ディナー／予約制【定休日】不定休　アクセス／高千穂神社から徒歩9分

カラリと揚げられた天ぷらを塩で食し舌鼓を打つ

壁には蕎麦粉へのこだわりと最高品質の想いを一筆

地域生産、地域消費を推進する緑の提灯が目印

高千穂峡と高千穂神社と共に行きたい美味4店舗!

チキン南蛮発祥の店

◆◆
おぐら 大瀬店

[延岡市] 延岡駅から車で7分

チキン南蛮は延岡市民だけではなく宮崎県民のソウルフード。そのチキン南蛮発祥店としてその名を残す名店おぐらは、宮崎に立ち寄ったら是非伺いたいところ。チキン南蛮のモモ肉(¥1,058)は日南地鶏、ムネ肉(¥1,026)は宮崎県産おぐら肥育を使用しており、その肉の柔らかさには驚かされることだろう。延岡ではタルタルソースを使用しない有名店もあるが、ほんのりとした甘さが印象的な酸味のあるタルタルソースをおぐらは使用。勿論、チキンとの相性は説明するまでもなく絶品美味。

DATA Tel:0982-32-2357　宮崎県延岡市大瀬町1-3-2　【営業時間】11:00～22:00 (L.O.21:30)　【定休日】無休　アクセス／JR延岡駅から宮崎方面へ車で7分ほど

看板の向こうでは料理人が丹精込めて調理する

店内は広々としておりファミリー向けの造り

ちょっと派手な外観の前には数台収容の駐車場あり

◆◆
高千穂焼五峰窯
あまてらすの隠れCafe

[高千穂町] 天岩戸神社より徒歩3分

天岩戸神社から天安河原に向かう遊歩道の入口付近に立地しており、店内奥のウッドテラスからは美しい岩戸川の渓谷を望むことができる。人気のレギュラーソフトかまいり茶(¥300)は、天皇杯や農林水産賞など数多くの賞を受賞している宮崎茶房の釜煎り茶を使用。ソフトクリームで、ここまでお茶の香りが漂うのはないほど茶の風味を味わえる。甘さも控えめでさっぱりとしており、味わいも上品で多くの観光客が買っている理由が分かるはず。カフェ利用の他に軽食もあり、高千穂観光の休憩に是非利用したい。

DATA Tel:0982-76-1200　宮崎県西臼杵郡高千穂町岩戸1082-21　【営業時間】10:00～17:00　【定休日】不定休　アクセス／天岩戸神社より徒歩3分

岩戸渓谷が目の前に広がるテラスは特等席

隣接する高千穂焼『五峰窯』ギャラリースペース

福岡の旅

河内藤園と
開運・商売繁盛の
宮地嶽神社へ

例えばこんなプラン！

1日目
福岡駅〜八幡駅　¥1,110
八幡駅〜河内小学校前（バス）　¥450
河内藤園　入場料 ¥300〜1,000 ※季節によって変動
河内小学校前〜八幡駅（バス）　¥450
八幡駅〜福岡駅　¥1,110
福岡市内　宿泊　¥7,500

2日目
福岡駅〜福間駅　¥370
宮地嶽神社　参拝
福間駅〜福岡駅　¥370

合計　¥11,860
（食費＋自宅までの往復交通費は入っていません）

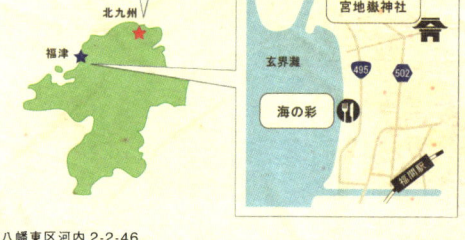

絶景　河内藤園 ▶ 宮地嶽神社　福岡県北九州市八幡東区河内2-2-46

電車＆バス（タクシー）
徒歩15分、西鉄バス乗車、JR八幡駅からJR鹿児島本線福間駅下車、バス（タクシー）にて約5分、もしくは徒歩にて約25分（所要時間1時間20分、料金¥650 別途バス・タクシー代）

車
県道62号線から国道211号線→国道200号バイパス→八幡ICで九州自動車道へ。鳥栖JCT経由→八女ICから国道442号線→県道83号線→県道23号線と進み、宮地嶽神社 到着（所要時間2時間9分、総距離119.2km、料金¥2,480［普通車］ETC¥1,740）

パワースポット　宮地嶽神社 ▶ 河内藤園　福岡県福津市宮司元町7-1

電車＆バス（タクシー）
バス（タクシー）で5分、徒歩25分、JR福間駅乗車、JR鹿児島本線 八幡駅下車、西鉄バス田代行き 河内小学校前下車徒歩15分（所要時間1時間20分、料金¥650 別途バス・タクシー代）

車
国道208号線から県道23号線→県道83号線→国道442号線を進み、八女ICで九州自動車道へ。鳥栖JCT経由→八幡ICから国道200号バイパス→県道61号線と進み、河内藤園 到着（所要時間2時間9分、総距離119.2km、料金¥2,480［普通車］ETC¥1,740）

美味

海の彩
Tel：0940-43-6600　福岡県福津市西福間4-5029-2 ぶどうの樹海岸通り【営業時間】11:30〜16:00（L.O.15:00）17:30〜22:00（L.O.21:00）【定休日】火曜日　アクセス／福間駅から車で10分

ガネーシャ
Tel：093-541-2608　福岡県北九州市小倉北区魚町2-3-20 B1F【営業時間】12:00〜14:30（L.O. 14:00）17:00〜20:00（L.O. 19:30）【定休日】月曜日　アクセス／JR小倉駅より徒歩5分　北九州高速鉄道 平和通駅より徒歩2分

無法松
Tel：093-533-6331　福岡県北九州市小倉北区神岳2-10-24 三共ビル1F【営業時間】11:00〜21:00（スープがなくなり次第終了）【定休日】水曜日　アクセス／小倉駅バスセンターから西鉄バス 神岳一丁目停留所より徒歩4分　香春口三萩野駅から1,270m

サンドイッチファクトリー オー・シー・エム
Tel：093-522-5973　福岡県北九州市小倉北区船場町3-6 近藤別館2F【営業時間】10:00〜20：30（L.O. 20:00）【定休日】無休　アクセス／JR鹿児島本線小倉駅より徒歩15分　北九州モノレール 平和通駅7番出口より徒歩5分

宮崎の旅

高千穂峡と
日本のふるさと
高千穂神社へ

例えばこんなプラン!

1日目
宮崎駅〜延岡駅　¥1,650
延岡駅〜高千穂峡（バス）¥1,790
高千穂峡周辺　宿泊　¥6,500

2日目
高千穂峡〜延岡駅　¥1,790
延岡駅〜宮崎市内　¥1,650
宮崎市内　散策

合計　¥13,380
（食費＋自宅までの往復交通費は入っていません）

絶景

高千穂峡 ▶ 高千穂神社　宮崎県西臼杵郡高千穂町大字三田井御塩井

🚗 車
県道50号線から1.3km 高千穂神社　到着
（所要時間 4分、徒歩の場合 15分）

パワースポット

高千穂神社 ▶ 高千穂峡　宮崎県西臼杵郡高千穂町大字三田井1037

🚗 車
県道50号線から1.3km 高千穂神社　到着
（所要時間 4分、徒歩の場合 15分）

美味

千穂の家
Tel：0982-72-2115　宮崎県西臼杵郡高千穂町大字向山62-1（高千穂峡内）【営業時間】9:00〜17:00【定休日】無休　アクセス／高千穂神社から徒歩10分

天庵
Tel：0982-72-3023　宮崎県西臼杵郡高千穂町三田井1180-25【営業時間】ランチ／11:00〜15:00 ディナー／予約制【定休日】不定休　アクセス／高千穂神社から徒歩9分

おぐら 大瀬店
Tel：0982-32-2357　宮崎県延岡市大瀬町1-3-2【営業時間】11:00〜22:00（L.O.21:30）【定休日】無休　アクセス／JR延岡駅から宮崎方面へ車で7分ほど

**高千穂焼五峰窯
あまてらすの隠れCafe**
Tel：0982-76-1200　宮崎県西臼杵郡高千穂町岩戸1082-21【営業時間】10:00〜17:00【定休日】不定休　アクセス／天岩戸神社より徒歩3分

さくいん

あ

アゼリア － P73
あわじ島バーガー
淡路島オニオンキッチン本店 － P87
石窯ピザ丸 － P87
石上神宮 － P106
厳島神社 － P114
うずら家 － P62
海の彩 － P132
うめぞの カフェアンドギャラリー － P79
雲海テラス － P6
えびそば一幻 総本店 － P11
おぐら 大瀬店 － P139
音茶屋 － P16

か

牡蠣屋 － P116
鹿島・香取神宮 － P22
桂浜 － P120
ガネーシャ － P132
Cafe Gold Coast － P93
カフェ・ボヌール － P102
カフェ深山 － P62
瓶ヶ森林道 － P118
かやぶきの郷薬師温泉旅籠 － P43
河内藤園 － P128
清水寺の雪景色 － P74
串たなか － P78
熊野本宮大社 － P100
鞍馬山・鞍馬寺 － P76
健康バイキング和わ － P103
51CAFE － P92

さ

犀与亭 － P56
蔵王の樹氷 － P12
茶房 珍重庵 本宮店 － P102
サンドイッチファクトリー・オー・シー・エム － P133
シュクル キッチン － P42
ジュリンズ ジオ － P33
白根山湯釜 － P38
白山比咩神社 － P54
珠洲岬 － P52
絶景レストラン うずの丘 － P86
SONGBIRD DESIGN STORE. － P79

た

高千穂峡 － P134
高千穂神社 － P136
高千穂焼五峰窯 あまてらすの隠れCafe － P139
高ボッチ高原 － P58
竹駒神社 － P14
竹島・八百富神社 － P70
竹やぶ － P26
立石重馬蒲鉾 － P123
棚田（新潟県十日町） － P44
だるま － P10
たんとろ － P16
竹生島神社 － P90
千穂の家 － P138
茶苑 － P72
ティールーム ゆきうさぎ － P43
天庵 － P138
天然氷蔵元 阿左美冷蔵 寶登山道店 － P32
峠の茶屋 蔵 － P48
灯台茶屋 － P73
戸隠神社 － P60
とさいぬパーク 直営売店 － P123
鳥喜多 － P93
どんぐり － P42
どんこ － P122

な

那智の滝 － P98
奈良町豆腐庵こんどう － P108
鳴門の渦潮 － P82
沼島 － P84
鋸山 － P20
野さか － P32

は

函館うに むらかみ － P10
榛名神社 － P40
バンビーノ － P117
日出の石門 － P68
彦根城の桜 － P88
Pizza Gonzo － P27
藤田九衛門商店 － P63
ふじたや － P116
分水堂菓子舗 － P49
北海道神宮 － P8

ま

松屋茶房 － P63
萬乃助 － P17
三十槌の氷柱 － P28
三峯神社 － P30
見波亭 － P26
宮地嶽神社 － P130
宮島水中花火 － P112
宮武 － P78

無法松 － P133
メリッサ － P109
麺屋一徳 － P109
紅葉堂弐番屋 － P117

や

弥彦神社 － P46
山口餅屋 － P17
柚子の花 － P49
翼果楼 － P92
よし平 いなり店 － P103
吉野山の桜 － P104
由屋 － P48
萬御菓子誂処 樫舎 － P108

ら

Rustic house － P72
ランプの宿 － P56
Red Chili インドカリー － P11

わ

和茶房うの － P27
和田屋 － P57
わへいそば － P33

本書は制作時（2015年）のデータをもとに作られています。
掲載した情報は現地の状況などに伴い変化することもありますのでご注意下さい。
実際に旅行する際は、最新情報を現地にご確認ください。
また、写真はあくまでもイメージです。必ずしも同じ光景が見られるとは限りません。
本書の所要時間、費用、アクセスは目安になります。状況に応じて変わる場合があります。
交通費や入場料などは、基本的に大人一名の料金を表示しています。
掲載情報による損失などの責任は一切負いかねますので、あらかじめご了承下さい。

絶景と美味とパワースポット

2015年4月25日　第1刷発行

編集・発行：GruntStyle Co.,Ltd.
〒153-0061 東京都目黒区中目黒5-18-2-202
Tel 03-6451-0360　info@gruntstyle.jp

GruntStyle Co.,Ltd.
202, 5-18-2, Nakameguro, Meguro-Ku, Tokyo, 153-0061, Japan
Tel +81-3-6451-0360

発売・営業：株式会社サンクチュアリ・パブリッシング（サンクチュアリ出版）
〒151-0051 東京都渋谷区千駄ヶ谷 2-38-1
Tel 03-5775-5192 / Fax 03-5775-5193

協力：Freax 株式会社

印刷・製本：昭栄印刷 株式会社

発行人	舟津政志
協力	高津史晃
編集	河野貴仁　高橋梢
ライター	八木龍平（パワースポット&コラム P 126） 天巫泰之（コラム）　町田裕樹 トールズ真澄　中澤彩野　青島優
デザイン	山崎康子
表紙デザイン	小山悠太
イラストレーション	だいりん
地図	木村友香
写真	中宮亜希夫　井坂孝行　鈴木雅之 石黒博也　末藤慎一朗　ayse 愛謝 小原実　横畠有　林田大輔　JUN 姫 大谷憲史　川原泰寛　八木龍平 表紙：MASAAKI HORIMACHI/ SEBUN PHOTO/amanaimages Fotolia © sunftaka77 P38 PIXTA P12, 22, 58, 60, 70, 82, 88, 90, 76, 100, 104, 106, 112, 114, 128, 134
写真・画像	（有）ネットウェーブ P39
協力先一覧	開運の神社・パワースポット P30 秩父市大滝総合支所 P28 十日町市観光協会 P44 十日町市観光協会 まつだい事務所 P44 株式会社うずのくに南あわじ P86 ランプの宿株式会社 P52, 56 Pizza Gonzo P27 有限会社よし平 P103 富洋観光開発株式会社 P26 渥美半島観光ビューロー P68 那智勝浦町観光協会 P98

造本には十分注意しておりますが、乱丁・落丁の場合は、お取り替え致します。
購入された書店名を明記して、小社読者宛にお送り下さい。送料は小社負担でお取り替え致します。
本誌掲載の写真、記事、イラストレーションなどの無断転載を禁じます。

ISBN978-4-86113-438-8

© 2015 GruntStyle Co.,Ltd. All Rights Reserved.